# 부의 속도

미국 주식, 해외 부동산 투자로 3년 만에 파이어족이 되다

# 부의 속도

돈파파 지음

지금 당장 노는 물을 바꿔라!
부자는 방법이 아니라, 속도의 차이다

시크릿하우스

# 추천의 글

평범하게 시작한 사람이 이른 나이에 경제적 자유를 얻기 위해서는 반드시 그에 합당한 통과의례를 치러야 한다. 일정 기간 일과 삶과 돈에 올인해야 하는 게 그것이다. 나를 온전히 갈아 넣는 시간 없이 자유로운 삶은 오지 않는다. 이 책의 저자는 마땅히 그 과정을 거쳤다. 경제적 자유를 위해 치열하게 고민하고 용기 있게 실행했다. 그리고 파이어족이 되었다. 서울 아파트와 미국 주식, 그리고 해외 부동산 투자와 이민이 그가 찾은 자유로운 삶의 과정이자 종착지다. 내면의 부름을 따라 쉽지 않은 삶을 선택한 그의 모험 이야기를 살펴보길 바란다.

**청울림(유대열), 다꿈스쿨 대표·《나는 오늘도 경제적 자유를 꿈꾼다》 저자**

저자는 서울 부동산부터 미국 주식 그리고 해외 부동산에 이르기까지 투자 영역을 넓혀갔다. 또한 그 과정을 통해 자신만의 투자 세계를 완성했고 30대의 이른 나이에 경제적 자유를 달성했다. 부동산이면 부동산, 주식이면 주식인 요즘의 서적 트렌드 속에서 이 책이 특별한 이유다. 쉽게 풀어 쓴 투자 마인드 지침서일 뿐 아니라, 저자의 실제 투자 경험이 진솔하고 위트 있게 담겨있어 잔잔한 공감을 선사한다. 성공 투자와 경제적 자유를 갈망하는 독자라면 반드시 읽어보길 바란다. 저자의 투자 방향성과 방법론을 참고한다면 마음 편한 자신만의 투자를 시작할 수 있을 것이다.

**조던(김장섭), JD부자연구소 소장·《내일의 부》 저자**

결정 전에는 치열하게 공부하고 꼼꼼하게 준비하되, 결정 후에는 신속하게! 모든 일이 다 그렇겠으나 이민을 원하는 경우 반드시 유념해야 할 덕목이다. 저자는 충분한 공부와 철저한 사전 준비를 통해 정확하게 이를 실행으로 옮겼다. 그리고 유럽 이민과 현지에서의 경제활동, 두 마리 토끼를 효율적으로 잡아냈다. 직접 발로 뛰면서 겪은 투자이민의 모든 과정을 담담히 풀어 놓은 이 책은 포르투갈뿐 아니라 전 유럽 심지어 미국, 캐나다, 호주 등 이민을 생각하고 있는 모든 이에게 올바른 방향을 제시하는 지침서로 전혀 부족함이 없다. 특히 골든비자를 통해 유럽 이민을 생각하는 분들에게 일독을 권한다.

**이상윤, 토마스앤앰코(Tomasamkor) 대표이사**

이렇게 쉽게 원리를 풀어내고, 이렇게 뜨겁게 돈에 대한 동기 부여를 하는 책이 있나 싶다. 유동성이 넘쳐나는 코로나19 시대에 저자는 어떻게 해야 또 다른 차원의 부자가 되는지 비전을 명확히 제시한다. 읽는 내내 '나도 하고 싶다! 나도 가고 싶다!' 생각했다. 현재의 자산에 만족했던 내가 저자가 제시한 자산 축적의 방향성과 속도로 인해 또 다른 미래 비전을 그리게 되었다. 또한 투자 과정에서 소홀할 수 있는 가정과 자녀 교육 이야기까지 더해 읽는 이로 하여금 삶의 균형성에 대해 생각하도록 한다.

**앤디 림, 투자자·진로교육인·《10대를 위한 완벽한 진로 공부법》 저자**

파이어족이 되기까지 저자의 경험담은 다음 내용이 궁금해서 단숨에 읽어내려갔을 만큼 흥미로웠다. 특히 한계를 모르는 열정과 실행력으로 추진해간 투자 스토리를 보며, 그동안 잊고 있었던 경제적 자유를 향한 내 안의 열정을 불태우는 계기가 되었다. '멀리 가려면 같이 가라'는 말처럼, 사람들과 나누며 함께 성장하고 싶다는 저자의 가치관에 경의를 표한다. 오늘도 경제적 자유를 향한 그의 끝없는 도전에 응원과 찬사를 보낸다.

**두둥아빠, 40대 직장인 투자자 ·**
**네이버 블로그 〈월급쟁이 태리의 부자아빠 프로젝트〉 운영**


경제적 자유의 달성에 있어서 가장 중요한 것은 '삶에서의 생각지 못한 변수들'을 얼마만큼 통제할 수 있느냐이다. 다른 재테크 책들과 달리 저자는 특정 자산이 아닌 투자의 '구조'를 보여준다. 그럼으로써 예상치 못한 변수에도 경제적 자유를 향해 나아갈 수 있는 세련된 투자 방법과 한 차원 높은 마인드를 이야기한다. 《부의 속도》는 최근 자산 시장의 급등에 취한 이들과 그것을 바라보며 상대적 박탈감이 커진 이들 모두 놓치지 말아야 할 책이다.

**Smilestriker, 30대 전업 투자자 · 네이버 블로그 〈머니 레스토랑〉 운영**

나는 언젠가부터 경제적 자립을 통해 파이어족이 되고 싶다는 생각을 마음 한 켠에 품고 있었다. 《부의 속도》는 파이어족이 되기까지 저자가 실제로 한 노력과 경험을 아낌없이 담고 있다. 저자가 부동산, 주식 등 각종 투자를 통해 꿈꿔왔던 인생의 목적을 실현하는 모습에서 내가 막연하게 꿈꾸던 삶을 간접 경험하는 희열을 느낄 수 있었다. 첫 장을 펼치는 순간부터 마지막까지 저자와 함께 호흡하며 파이어족이 되는 기분을 마음껏 느낄 수 있는 책이다. 파이어족이 되고 싶다면, 진짜 파이어족의 실전 투자 여정을 따라가 보길 추천한다.

**홀인원, 30대 직장인 투자자·**
**네이버 블로그 〈Financial Freedom 투자홀인원〉 운영**

'불변행' 사이클은 저자를 나타내는 가장 정확한 표현이다. 지난 3년간 그는 자신에게 주어진 불만족스러운 상황을 그대로 넘기지 않고 변화를 모색했고, 행동으로 옮겼다. 국내 부동산, 미국 주식, 해외 부동산까지 짧은 기간 동안 이루어낸 그의 투자 성과는 원칙을 바탕으로 본인만의 투자 스타일을 펼쳤기에 가능했던 일이다. 누구나 꿈을 꿀 수 있다. 하지만 그 꿈을 실행하는 용기 있는 사람은 드물다. 그의 투자 스토리를 통해 많은 사람들이 용기를 얻길 바란다. 많은 독자들이 투자에는 다양한 방식이 있다는 것을 알고, 투자의 지평을 한층 넓히는 계기가 되었으면 한다. 저자의 꿈은 이제 첫걸음을 내딛었다. 앞으로의 그의 발걸음이 더 기대되는 이유다.

**움베르트에코, 30대 투자자·사업가**

# 내 인생을 바꾼
# 3년의 이야기

"뭐가 아쉬워서 그렇게 먼 나라로 이민을 간다는 거니?"

포르투갈로 이민을 떠나겠다고 했을 때 부모님이 처음 보인 반응이었다.

"아쉬울 게 없어서 가는 거예요."

짧다면 짧은 인생이지만, 후회하기 싫어서 최선을 다해 살았다. 그런데도 불만족은 그림자처럼 계속 따라다녔고, 나는 불만족을 해소하기 위해 부단히 몸부림쳤다. 결혼을 하고 한 가정의 가장이 되고 나서부터는 내가 꿈꾸는 경제적으로 윤택한 삶, 여유로운 노후 그리고 자녀의 미래를 위해 경제적 자유를 향한 길을 걷기 시작했다. 하지만 이상과 현실의 괴리 속에서 어쩌면 끝이 보이지 않는 길일지도 모른다는 불안감에 점점 방향을 잃고 지쳐갔다.

그러던 중 불쑥 세 가지 질문이 찾아왔다.

- 이 길은 언제까지 가야 끝이 나는 걸까?
- 미래를 위해 현재는 희생할 수밖에 없는 걸까?
- 내 인생은 내가 바라고 꿈꾸던 대로 흘러가고 있는 걸까?

수많은 고민과 성찰을 통해 이 질문들에 대한 나름의 답을 찾아가는 동안, 내가 인생에서 진정으로 원하는 것을 명확히 하고 오직 그것에만 집중해야 한다는 사실을 깨달았다. 정말 중요한 것은 점점 높아져 가는 세상과 타인의 시선이 아닌 온전한 나만의 기준이었다. 경제적 자유를 위한 투자의 여정 또한 남에게 보이는 것이 아닌 내 안의 자아에 집중하는 과정이어야 했다. 그래서 나는 내가 어떤 사람이며 어떤 것을 추구하는지에 대한 본질적인 성찰을 기반으로, 투자의 목적과 목표 그리고 구체적인 원칙과 방법론을 하나씩 차근차근 만들어나갔다. 그랬기에 국내 부동산부터 미국 주식, 해외 부동산까지 투자의 영역을 넓히고 마음 편한 투자를 할 수 있었다. 무엇보다 세상의 기준에 끌려가지 않고 내 꿈을 이루는 데 필요한 것에 집중하면서 비로소 나는 자유로워졌고, 그토록 나를 쫓아다니던 현실에 대한 불만족과 아쉬움에 이별을 고할 수 있었다.

투자를 통해 비교적 일찍 경제적 자유를 얻은 덕분에 나는 30대에 파이어족*이 되었다. 그리고 새로운 인생 2막을 시작하게 됐다. 지금부터 펼쳐지는 이야기는 내 인생을 바꾼, 경제적 자유를 위해 가장 치열하게 살았던 최근 3년의 기록이다. 경제적 자유를 추구하는 목적과 방법에 대한 나름의 고민과 경험을 통해 찾은 나만의 깨달음이 녹아 있다.

이 책을 당신에게 바친다. 파이어족을 향한 여정에서 현실이 주는 고민과 답답함을 마주칠 때, 자신만의 해결책을 찾아 포기하지 않고 묵묵히 걸어가는 데 도움이 됐으면 한다.

파이어족의 시크릿은 다름 아닌 당신 안에 있다.

---

● FIRE(Financial Independence, Retire Early)족: 30대 말~40대 초에 조기 은퇴하겠다는 목표를 가지고 근검 절약하며 투자에 몰두하는 젊은 세대를 가리킨다.

# 차례

# 2장 미국 주식 투자로 시작하라

## 3장  해외 부동산 투자 어렵지 않다

내가 느끼는 책임감의 본질은
우리 가족이 누리는 평범한 일상의 행복을 지키는 것이었다.
그리고 더 나아가 가족이 성장할 수 있도록 부족함 없이 지원하는 것이었다.
그것을 위해 내게 필요한 건 에너지, 시간, 그리고 부였다.
나는 앞으로도 계속 건강해야 했고,
가족과 함께 누릴 충분한 시간과 경제적 여유가 필요했다.

# Financial

# 가능한 한 빨리
# 경제적 자유를
# 이루고 싶었다

Freedom

**가능한 한 빨리**
**경제적 자유를 이루고 싶었다**
—

# 불변행이 이끈
# 경제적 자유의 길

## 불변행의 시작

툭!

갑자기 한쪽 끈이 풀어지면서 메고 있던 가방이 땅에 떨어졌다. 수능 시험날 아침, 시험장 정문에서 부모님께 인사하고 돌아서는 순간 벌어진 일이었다. 느닷없는 일에 당황했지만, 애써 아무렇지 않은 척 주섬주섬 가방을 챙겨 들었다.

작년의 악몽이 떠올랐다. 필통을 깜빡 잊고 와서 옆자리 친구의 연필을 빌려 썼던 1교시, 점심시간 후 느닷없이 찾아온 복통, 그리고 예상대로 망한 성적표.

'얼마나 이를 악물고 달려온 1년인데….'

또다시 불운에 무너지고 싶지 않았다. 동아리 퀸카랑 사귄다며, 너무 놀아서 이번에 학점 나오기는 글렀다며 캠퍼스의 호사를 은 근히 떠벌이던 동창들의 표정이 떠올랐다. 고단했던 내 인생 1년에 대한 보상을 확실히 받아야 했다. 마음을 다잡았다. 이번에는 다르 다고.

시험은 무사히 끝났고, 운 좋게도 서울대에 합격했다. 내 인생의 첫 번째 '불만족 → 변화 모색 → 실행'* 사이클이 성공적으로 마무리됐다. 아마도 총총걸음으로 시험장에 들어가는 아들의 뒷모습이 안쓰러워 절로 달려가신, 어머니의 간절한 기도 덕분이었을 것이다.


## 전역하면 뭐 먹고 살지?

"전역하면 우리 뭐 먹고 사냐…?"

부대 막사 지붕 위에 쪼그려 앉아 고속도로를 달리는 차들을 바라보며 C가 나에게 물었다.

나는 그냥 말없이 차들만 물끄러미 바라봤다.

C는 군대에서 우연히 만난 대학 동기다. 함께 군 생활을 하고 제대 후 졸업할 때까지 대학 시절을 함께한, 나에게는 운명 같은 인연

---

* 여기서 한 자씩 따 와 '불변행'으로 표기하겠다.

이다. 나란히 복학한 뒤 나와 C는 각자 다른 삶의 궤적을 걸었다. 당시 서울대 문과생의 진로는 크게 고시, 유학, 취업 세 가지로 나뉘었다. 나는 어학연수와 해외 인턴십을 하며 취업을 위한 스펙을 쌓았고, C는 행정고시를 준비했다. 신림동에 들어가면서 그 녀석이 남긴 말이 떠오른다.

"다들 고시에 매달리는데 나도 한번 해봐야 하지 않겠나?"

15년의 세월이 흐른 지금, 우리는 둘 다 평범한 회사원의 삶을 살고 있다. 가끔 만나 술 한잔하며 학창 시절을 회상할 때면 C는 아직도 이렇게 말하며 아쉬워한다.

"그때 서울대 간판 포기하고 아주대 의대를 갔어야 하는데…."

부모님이 시키는 대로 열심히 공부해서 대학에 입학만 하면, 더는 고민거리가 없을 줄 알았다. 하지만 막사 지붕 위에서 우리가 미래에 대해 느꼈던 막막함은 아무도 해결해주지 못했다. 내가 무엇을 잘하고, 또 무엇을 좋아하는지 고민할 시간이 충분치 않아서였을 것이다.

대학생이 된 후 나는 내가 잘하고 좋아하는 것이 무엇인지에 대한 답을 스스로 찾아야 했다. 아니, 너무 찾고 싶었다. 내가 어떤 사람인지 정말로 알고 싶었으니까. 입학 후 수업 내용 따라가랴 선배들 쫓아다니랴 시간은 정신없이 흘러갔지만, 여전히 나는 무엇부터 해야 할지 갈피를 잡지 못했다. 그러다가 결심했다.

'우선 닥치는 대로 이것저것 최대한 많이 경험해보자. 그러면서 나와 맞지 않는 걸 하나씩 지워나가자. 그러다 보면 마지막에 남는

게 있을 테고, 그것이 내가 찾는 무언가겠지.'

그렇게 진짜 나를 찾아가는 여정이 시작됐다. 당시 학교 안에서 할 수 있는 경험은 나에게 큰 흥미를 주지 못했다. 더 넓은 세상이 궁금했던 나는 학교 밖으로 나갔다. 언론 시민단체에 들어가 활동하면서 '조중동'이라는 표현을 처음 접했고, NGO 단체에 속해 몽골 봉사활동을 하면서 지구 온난화를 실감했다. 어학연수차 미국에서 보낸 1년의 시간은 내가 가고 싶은 인생의 방향을 정하고 계획을 세울 수 있었던 20대의 골든타임이었다. 그 후로는 망설임 없이 내가 정한 목표에 필요한 경험을 쌓아나갔고, 늦지 않게 취업과 졸업을 할 수 있었다.

지금 와서 돌이켜보면 나를 서울대 출신으로 만들어준 부모님께 감사하지만, 학창 시절을 보내면서 정말 내가 잘하고 좋아하는 걸 미리 찾아서 열심히 해볼 수 있게 도와주실 수는 없었을까 하는 생각도 든다. 그런데 한편으로 대한민국 교육의 현실을 생각해보면 그건 내 욕심이 아닌가 싶기도 하다.


## 본연의 나를 찾기 위한 몸부림

2009년 1월.

미국 서브프라임발 금융위기 여파로 얼어붙은 취업 시장에서 나는 운 좋게도 취업에 성공했다. 뽑아준 회사에 대한 애정, 바늘구멍

취업문을 뚫었다는 자부심으로 회사 생활을 시작했다. 하지만 회사는 학교와 전혀 다른 세계였다. 부서 배치를 받은 지 얼마 안 된 어느 날, 함께 점심을 먹고 산책하던 중 선배가 내게 말했다.

"회사는 대학교 동아리가 아니야."

말과 행동을 조심해야 했다. 내 생각과 감정을 자유롭게 표현하는 대신 주변의 분위기와 눈치를 봐야 했다. 표정 관리도 해야 했다. 긍정적이되 가벼워 보이는 건 곤란했다. 조직에 적응하고 맞춰가야 했다. 하지만 명확한 기준 없이 그때그때 눈치껏 행동하는, 이른바 '센스 있는' 사원이 되는 건 내게 쉽지 않은 미션이었다.

시간이 지날수록 입사 초기에 가득 찼던 자신감은 자책감으로 바뀌었고, 본연의 내 모습을 잃어가고 있음을 느꼈다. 회사의 부속품이라는 사실을 받아들이고 자신을 억누를수록 불만족이 쌓여갔다. 뭔가 돌파구가 필요했다. 내가 그나마 잘하는 것을 하는 게 자신감을 회복하기에 가장 좋겠다는 생각이 들었다. 나의 시간과 노력을 갈아 넣어 짧은 시간에 성취감을 얻을 수 있는 것이면 더더욱 좋겠다 생각했다.

자격증을 따기 시작했다. 퇴근 후 몸은 지쳤지만 내 안의 학습 세포들이 꿈틀꿈틀 살아 움직이는 느낌이 좋았다. 자격증을 땄을 때의 성취감도 좋았지만, 학창 시절에 느끼지 못했던 '진도 빼는 재미'라는 게 있다는 걸 느꼈다. 작은 몸부림이었지만 그거면 충분했다. 내가 살아 있음을 느끼기엔.

2012년 봄. 서른 살.

입사 3년 차가 되면서 회사 생활에도 어느 정도 적응했다. 하지만 성향에 맞지 않는 업무, 불투명해 보이는 미래에 대한 또 다른 고민이 자라났다. 답답했지만 뾰족한 해결책은 떠오르지 않았고, 가끔 바람이나 쐬면서 답 없는 고민을 날려 보내곤 했다.

그 시절, 바람 쐬러 나가면 유난히 자주 마주치는 과장님이 있었다. 다른 회사에서 이직한 분이라 눈인사 정도 하는 사이였지만 자주 마주치다 보니 자연스레 친해졌다. 이런저런 이야기를 하다가 나도 모르게 불쑥 이런 말이 나왔다.

"과장님, 혹시 팀에 자리 없어요?"

인생의 타이밍이란 이런 걸 두고 말하는 건가. 마침 충원 인력을 찾던 과장님과 변화를 모색하던 나의 니즈가 만난 순간이었다. 그렇게 부서 이동 프로젝트가 시작됐지만 과정은 순탄치 않았다. 다들 선호하는 부서를 왜 제 발로 나가냐, 조금만 참으면 좋은 날 올 거다, 그 부서로 가면 나중에 후회한다 등 동료와 상사들의 끈질긴 만류와 설득이 이어졌다.

그래도 나는 흔들리지 않았다. 그냥 빨리 떠나고 싶었다. 점차 내 모습을 잃어가는 착잡함 대신 새로운 업무와 동료들 속에 나를 던져 본연의 나를 찾고 싶었다. 내가 사라진다는 느낌, 그냥 그게 싫었으니까.

부서 이동 선언을 한 지 5개월 만에 마침내 가고자 했던 부서로 옮길 수 있었다. 그리고 그곳에서 7년이라는 내 회사 생활의 나머지를 보냈다. 내 인생의 두 번째 불변행 사이클. 10년의 직장 생활에서 본연의 나를 잃지 않게 지켜준 버팀목이었다.


## 나와 회사,
## 그 관계에 대한 불편한 진실

"나도 많이 안 남았네…."

회사 인사 정보를 보다 나도 모르게 중얼거렸다.

2018년. 입사 10년 차인 나는 과장이 됐다. 신입사원 시절 만났던 선배들은 하나둘 회사를 떠났고, 밑으로는 후배들이 꾸준히 들어왔다. 10년이 지나고 보니 어느덧 내 연차는 회사 인력 피라미드에서 중간보다 위쪽이 됐다. 난 그냥 그 자리에 있었을 뿐인데, 내 발을 적시던 물이 어느새 명치까지 차올랐다는 걸 문득 깨달았다. 이제 40대가 코앞인데 과연 언제까지 이 회사에 다닐 수 있을지 생각해봤다. 퇴사 이후에는 어떻게 살 것인지, 가족은 어떻게 먹여 살리고 아이 교육비는 어떻게 준비할 것인지, 미뤄두었던 고민이 고구마 줄기처럼 줄줄이 딸려 나왔다.

처음 입사할 때는 회사가 나에게 급여라는 경제적인 보상을 줄 뿐 아니라 내가 꿈꾸는 커리어를 실현할 수 있는 무대라고 생각했다. 즉, 돈과 인생의 비전 둘 다를 기대한 셈이다. 하지만 실제로 경험하면서 회사는 내가 원하는 것을 들어줄 수 없다는 사실을 받아

들여야 했다.

당연한 일이다. 회사는 내 것이 아니잖은가. 나와 회사, 그 관계의 본질은 계약이다. 나는 시간과 에너지 그리고 때로는 감정적 희생을 제공하고, 회사는 그 대가로 급여와 복리후생 그리고 사회적 소속감을 제공하는 관계임을 나는 알면서도 잊고 있었다.

그동안 회사는 나에게 많은 것을 주었다. 돈, 안정감, 성취감 그리고 사랑하는 가족을 꾸릴 기반까지…. 문득 이 안락한 울타리 안에서 회사가 내게 주는 것들에 취한 나머지 언젠가 닥칠 이별을 준비하지 않는다면, 서로 불편한 뒷모습을 남기게 될지도 모른다는 생각이 들었다. 언제 나갈지 내가 먼저 결정하지 않으면, 언제가 될지 기약할 수 없는 회사의 결정에 내 인생을 맡겨야 한다.

이런 아이러니 속에서 점점 온실 속 화초가 되어가는 10년 차 나를 마주했다. 이렇게 계속 가면 안 된다는 생각이 들었다. 회사를 떠날 준비를 시작해야 했다. 내가 먼저 준비를 마쳐야 그동안 나를 보살펴준 회사와 아름다운 이별을 할 수 있을 테니까. 그 이별을 준비하는 데 무엇이 필요할지 고민하기 시작했다.

그런 고민이 돌고 돌아 결국 하나로 모였다. 바로 돈이었다. 내가 회사에 다니는 이유도, 회사를 떠날 때를 고민하는 이유도 결국 다 이것 때문이다. 생각을 정리하니 방향이 명확해졌다. 회사에 있는 동안 가능한 한 빨리 경제적 자유를 이루는 것, 그게 나의 결론이었다.

포르투갈 이민 준비를 위해 육아휴직을 신청했을 때, 동료들의 반응은 대개 비슷했다. 육아휴직 자체보다 그걸 쓸 용기를 준 나의 경제적 여유를 부러워했다. 그들이 쉽게 실행에 옮기지 못하는 이유도 아마 경제적 문제가 아니었을까?


## 지금의 행복,
## 앞으로도 지킬 수 있을까?

'솔직하고 유머 감각이 넘치는 당신. 여성을 다루는 데 능숙한 바람둥이지만 결혼을 한 후에는 가정을 소중히 여기는 책임감 있는 가장이 될 것입니다.'

사회심리학적 현상 중 하나로 '자기실현적 예언'이라는 게 있다. 어떤 일이 발생한다고 예측하거나 기대할 때, 이런 예측이나 기대가 실현되는 것은 순전히 자신이 그렇게 될 것으로 믿고 거기에 행동을 맞춰가기 때문이라는 것이다. 즉, 사람의 믿음이 행동에 실제로 영향을 준다는 거다.

나에게는 '혈액형으로 알아보는 O형 남자의 성격'이 그러했다. 고등학교 때까지는 수능에 올인하며 달려왔기에 대학에 입학하자마자 연애에 대한 호기심이 폭발했다. 그래서 나의 매력이 뭘까에 대한 답을 찾으려고 인터넷 검색을 해봤는데, 그게 일종의 화근이라면 화근이었다. 성격 유형이라는 게 코에 걸면 코걸이 귀에 걸면 귀걸이 식이지만, 은근 내 이야기 같다는 생각이 들었다. 신기해서 열심히 들여다보는데 특히 '책임감 있는 가장'이라는 구절이 머릿속에 콕 박혔다. 바람둥이라는 부정적 이미지를 거부하려는 반발 심리였을까. 그 후로 나는 결혼하면 책임감 있는 가장이 될 거라는 일종의 자기실현적 예언에 사로잡혔다. 책임감 있는 가장은 내가 결혼하면 반드시 그렇게 되어야만 하는, 무의식 속 족쇄 같은 것이었다.

역시 그놈의 족쇄 탓일까. 아니면 내가 원해서 선택한 결과인 만큼, 예전보다 더 커진 행복을 누리는 만큼, 이에 따르는 책임감을 감당하는 것이 당연하다는 성숙한 의식 덕일까. 결혼 이후 나는 가장으로서 책임감을 강하게 느꼈고, 아이가 태어나자 책임감은 더욱 커졌다.

내가 느끼는 책임감의 본질은 우리 가족이 누리는 평범한 일상의 행복을 지키는 것이었다. 그리고 더 나아가 가족이 성장할 수 있도록 부족함 없이 지원하는 것이었다. 그것을 위해 내게 필요한 건 에너지, 시간, 그리고 부흫였다. 나는 앞으로도 계속 건강해야 했고, 가족과 함께 누릴 충분한 시간과 경제적 여유가 필요했다.

외벌이였던 나에게 가장 신경이 쓰이는 건 역시 돈이었다. 아직 다가오지 않은 미래를 염려하고 가능한 한 완벽하게 대응하려 하는 나의 답답한 성격도 한몫했다. 지금은 내가 벌어들이는 근로소득만으로도 부족함 없이 생활할 수 있지만, 이 상태를 언제까지 유지할 수 있을지는 아무도 모른다는 불안감이 나를 온전히 편하게 두지만은 않았다.

뭔가 든든한 뒷배가 필요했다. 유사시를 대비해 쟁여놓는 비상식량처럼, 근로소득이 갑자기 사라지더라도 우리 가족의 생활에 필요한 현금흐름을 계속 만들어내는 '황금 알을 낳는 거위', 즉 자산[asset]이 필요했다. 생각할수록 방향이 조금씩 명확해져 갔다. 자산을 얻기 위해서는 결혼 전처럼 돈을 관리하는 차원의 재테크가 아니라 투자를 해야 한다는 것을, 그리고 지금 당장 시작해야 한다는 것을 깨달았다.

## 경제적 자유를 향한 도전

대학 입시, 취업, 결혼 그리고 새로운 가족.

대한민국의 표준적인 인생을 살고 싶다면 거쳐야 하는 통과의례들을 무난히 거치고 여기까지 왔지만, 내 손에 달린 우리 가족의 미래를 생각하면 나는 여전히 불만족스러웠다. 이 문제를 해결하고자 고민 끝에 내린 결론이 바로 '경제적 자유'였다. 이걸 어떻게 하면 얻을 수 있을까? 우선 경제적 자유가 무엇인지에 대해 나만의 정의를 내려야 했다.

내가 생각하는 경제적 자유는, 간단히 말하면 돈에 굴복하는 노예가 되지 않고 내 의지대로 하고 싶은 것을 하며 살 수 있는 상태를 말한다. 경제적 자유를 달성하는 기본 원리는 내가 모은 자산에서 현금흐름이 꾸준히 창출되는 것이다. 그럼으로써 내가 노동을 하지 않아도 원하는 생활의 질을 유지하는 데 들어가는 비용을 충당하는 것이다.

나는 타고난 금수저가 아니라 평범한 월급쟁이이므로 근로소득, 즉 월급이 꼬박꼬박 들어오는 기간에 그 시스템을 구축해야 한다. 그러려면 밑천, 즉 자산이 필요하다. 결국 핵심은 '충분한' 자산을 모으는 것이니, 근검절약을 통해 종잣돈을 만들고 이를 투자해서 자산을 모아야 한다. 지속적으로 자산을 모으고 불릴 방법을 공부하면서 직접 발로 뜀과 동시에, 투자에 필연적으로 따르는 리스크를 어떻게 감당하고 줄일지 고민해야 한다.

나름대로 경제적 자유에 대해 정리를 하고 나니 뭔가 뿌듯했다. 나는 책상에 이렇게 써서 붙여놓고 다짐했다.

> 나는 경제적 자유를 이루기 위한 노력을 본격적으로 시작한다.
> 노동을 통해 시간을 버는 동안
> 절약과 투자를 통해 자산을 축적해나가며
> 리스크 관리에 신경 쓸 것이다.

썩 마음에 드는 선언문이었다. 하지만 정작 문제는 투자의 방향성과 방법을 모른다는 데 있었다. 경제적 자유를 이루기 위해 구체적으로 얼마의 자산을 모을 것인지, 어떤 자산에 어떤 방법으로 투자할 것인지, 자산의 목표 금액을 언제까지 달성할 것인지, 이를 위해서는 매년 어느 정도의 수익률을 올려야 하는지 모호한 것이 한둘이 아니었다. 의욕은 넘쳤지만, 그다음 어떻게 해야 할지에 대해서는 여전히 막막했다. 인터넷을 뒤지고 서점에 가서 관련 책들을 뒤져봐도 방법론은 천차만별이었다.

그때 나는 깨달았다. 투자에 정답은 없다는 것을. 시행착오를 겪더라도 결국 나의 투자 스타일과 상황에 맞는 나만의 방법을 스스로 찾아야 한다는 것을.

이상적일지 몰라도 나는 마음이 편한 투자를 하고 싶었다.
그래야 오랫동안 행복하게 투자할 수 있을 테니까.
내 마음이 편하려면 '많이 못 벌더라도 잃지는 말아야' 했다.
그래서 나는 투자할 때 함께 갈 친구로
가성비, 분산투자, 경험적 확신을 선택했다.

Financial

# 1장

# 먼저 투자와
# 나를 연결하라

Freedom

먼저 투자와
나를 연결하라

# 투자에 정답은 없다

## 나에게 맞는 투자는 무엇인가?

투자에 관심을 두고 이것저것 알아보면서 두 가지를 확신하게 됐
다. 투자에 정답은 없다는 것, 그리고 투자 고수들이 정말 많다는
것이었다. 세상에는 투자 대상이 많은 만큼 방법론도 무수히 많다.
그런데 고수들은 남들의 방법을 그대로 따라 한 게 아니라 오랜 기
간의 경험을 통해 성공과 실패를 맛보면서 자신에게 맞는 투자 철
학과 방법을 스스로 체득했다. 그들도 처음에는 지금의 나처럼 수
많은 정보와 다른 사람들의 투자 경험을 참고하고 나름대로 선별해
서 실제로 적용해봤을 것이다. 그 과정을 반복하면서 시행착오도
많이 겪었을 것이다. 하지만 포기하지 않고 끝까지 투자를 놓지 않

왔기에 마침내 자신의 성향에 맞는 단단한 투자 세계를 만들 수 있었던 게 아닐까.

당연한 얘기지만, 처음부터 투자를 잘하는 사람은 없다. 발전을 위한 시행착오는 다들 거치는 만큼, 한두 번 성공했다고 자만할 필요도 없고 실패했다고 좌절할 필요도 없다. 중요한 것은 어떤 시련이 닥쳐도 끝까지 포기하지 않을 수 있는 멘탈이다. 나는 적어도 올바른 방향으로 꾸준히 투자를 지속할 수만 있다면 분명 나의 투자 목적을 달성할 수 있으리라는 믿음은 있었다. 그런 멘탈을 유지하는 데 필요한 것을 미리 확실하게 해두는 것, 그것이 투자를 시작하기에 앞서 가장 먼저 해야 할 일이었다.

내가 찾은 해답은 우선 나 자신의 성향을 이해하는 것이었다. 앞으로 투자를 하면서 겪게 될 수많은 난관에 일희일비하지 않고 묵묵히 앞으로 나가기 위해서는 내 성향에 맞는 투자를 해야 했다. '나는 원래 이런 사람이라 이렇게 투자한다'라는 자기암시는 설령 손실을 보더라도 남을 탓하지 않고 상황을 받아들이는 데 도움이 될 테니 말이다.

투자라는 측면에서 나는 과연 어떤 성향의 사람인지를 차분히 정리하기 시작했다. 그간의 인생 경험에서 내가 가장 중요하게 여기는 것과 가장 두려워하는 것이 무엇인지, 시간을 들여 깊이 생각해봤다. 그 결과 찾아낸 것이 바로 효율성과 리스크 그리고 경험을 통한 검증, 세 가지였다.

아마도 대학 시절 경제학을 전공했던 것이 영향을 끼쳤으리라고 본다. 어떻게 하면 주어진 조건에서 효용을 극대화하고 최적화된 결론을 도출할 수 있는지를 고민하는 것이 경제학의 본질이기 때문이다. 그렇게 효율성이라는 개념은 학교 수업을 통해 내 머릿속에 깊이 새겨졌다. 실제 생활에서도 어떤 문제에 부딪히면 여러 변수 중에서 내가 어찌할 수 없는 것은 과감히 포기하고, 오직 내가 통제할 수 있는 것에 집중했다. 그게 효율적이라고 생각해서다. 물건을 살 때도 가장 중요하게 생각한 것이 '가성비(가격 대비 성능)'였다. 가장 좋은 물건을 사기 위해서 더 많은 돈을 투입하기보다는 생각해 둔 예산 내에서 내가 원하는 가치를 극대화할 수 있는 물건을 찾는 데 관심이 많았다. 투자에서도 가성비는 포기할 수 없는 기준이므로, 수익률은 나에게 중요한 투자지표 중 하나다.

지난 삶을 돌이켜보니 나는 뭔가를 얻는 데서 오는 기쁨보다 잃었을 때 오는 상실감을 더 크게 느끼는 사람이었다. 주식 투자에 실패해서 수억 원을 손해 본 아버지를 옆에서 지켜본 어린 시절의 기억 때문에 대학생 때 자산운용사에서 인턴을 했음에도 나는 주식을 싫어했다. 주식 투자야말로 진짜 투기라고 생각했다. 아무리 많이 벌어도 잃는 건 한순간이라는 사실을 뼈저리게 체험한 뒤로 나는 리스크를 싫어하게 됐고, 훗날 전공 수업을 들으면서 그런 나의 투자 성향이 위험회피형risk-averse이라는 걸 알게 됐다. 하지만 실과 바늘처럼 투자에서 리스크는 필연적이기에 리스크를 어떻게 줄일 것인지 방법을 찾아야 했다. 그때 뇌리를 스쳐 간 것이 하나 있었다. 바로 분산투자다.

분산투자에 대한 개념을 처음 접한 계기는 대학교 투자론 수업으로, 그때 마코위츠의 포트폴리오 이론Markowitz's portfolio theory을 알게 됐다. 요약하자면, 움직이는 방향이 서로 다른 자산들을 분산해서 포트폴리오를 구성하면 투자위험을 줄일 수 있다는 내용이다.

**〈그림 1-1〉 마코위츠의 포트폴리오 이론**

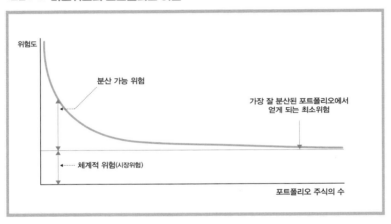

투자에서는 유명한 이론인 만큼 이를 실제 투자에 적용한 사례가 있을 것 같았다. 나는 바로 서점으로 달려갔다. 수많은 투자서 중 《마법의 돈 굴리기》를 찾아냈는데, 분산투자의 효과를 확인하는 데 여러모로 도움이 됐다. 무엇보다도 수업에서 배운 이론을 실제 투자 대상에 적용했을 때 어떤 결과가 나타나는지 검증할 수 있어서 좋았다. 이론과 실제 적용 사례를 직접 눈으로 확인했으니 충분히 시도할 만한 가치가 있다고 판단했다. 험난한 투자 전장으로 뛰어

들 나를 든든하게 지켜줄 방패를 찾은 느낌이었다.

어릴 적부터 나는 직접 경험한 것만 믿었다. 눈으로 확인하거나 직접 경험할 수 없는 대상이라면 나 자신을 이해시킬 수 있을 정도로 간접 경험이 충분히 쌓인 것들만 믿었다. 세상에 이래라저래라 하는 이론은 무수히 많지만, 직접적이든 간접적이든 경험을 통해 검증해야 비로소 내 것이 된다고 생각했기 때문이다. 이런 나를 두고 한 친구 녀석은 "네가 경험론자라도 되냐?"라고 놀리기도 했지만 상관없었다. 그게 내 방식이니까.

지금까지의 내 인생 역시 수많은 판단과 선택의 경험을 통해 만들어졌고 그 결과물인 현재에 나는 만족하고 있다. 내 인생 자체가 '오직 내가 경험한 것을 믿는다'라는 나름의 철학을 증명해주는 근거인 셈이다. 그래서 투자를 할 때도 내가 경험을 통해 확신할 수 있는 대상에만 집중하기로 했다. 투자를 시작하기에 앞서 직접 눈으로 확인하거나 책 또는 그 밖에 투자자들의 간접 경험을 통해 스스로 수긍할 수 있을 때까지 충분히 검증한 후 투자 여부를 판단하기로 했다.

이상적일지 몰라도 나는 마음이 편한 투자를 하고 싶었다. 그래야 오랫동안 행복하게 투자할 수 있을 테니까. 내 마음이 편하려면 '많이 못 벌더라도 잃지는 말아야' 했다. 그래서 나는 투자할 때 함께 갈 친구로 가성비, 분산투자, 경험적 확신을 선택했다.

# 3년의 시간을 투자한다면

부동산 투자를 통해 자산을 불릴 수 있다는 건 부모님의 자산 형성 과정을 통해 익히 알고 있었다. 일찌감치 아파트 재건축 정비 사업에 뛰어드셨던 아버지, 금전적 여유가 생길 때마다 아파트에 투자하셨던 어머니를 보면서 자란 덕에 부동산, 특히 아파트는 나에게 친숙한 투자 대상이었다. 회사 다니면서 열심히 모은 종잣돈 3억 원으로 서울에 빌라를 사서 동생과 함께 살았다. 결혼할 때 무조건 집을 사서 시작하라는 부모님의 조언을 따라 대출을 끼고 하남의 아파트를 사서 신혼을 시작했다. 내 집 마련을 통해 안정적인 삶을 살고 싶다는, 순전히 내 필요에 의한 재테크였다. 하지만 그 집의 시세가 조금씩 오르는 걸 눈으로 보면서 부동산이 내 자산을 불려준다는 경험적 확신도 생긴 터였다.

우선 아파트 투자부터 시작해야겠다고 마음먹었다. 경제적 자유를 통해 얻게 될 우리 가족의 행복한 미래 앞에서 망설일 이유가 없었다. 부동산 투자와 경제적 자유의 접점을 가진 책을 찾기 위해 서점으로 향했다. 부동산 투자로 성공한 수많은 사람의 경험과 지혜를 한자리에서 얻을 수 있는 곳, 투자의 방향성과 방법을 찾기에 최적의 장소라고 생각했다. 수많은 책 중《나는 오늘도 경제적 자유를 꿈꾼다》가 눈길을 끌었다. 월세 투자로 경제적 자유를 얻은 청울림 님의 책이었다.

읽고 나니 역시 우리나라에서는 부동산 투자만 한 것이 없다는 생각이 들었다. 특히 저자가 건강까지 악화될 정도로 인생을 치열하게 살았다는 점, 소액으로 시작했지만 꾸준한 투자를 통해 자산을 늘리면서 안정적인 현금흐름을 만들어갔다는 점이 인상적이었다. 투자 방법은 둘째치고 뭐든지 성공하려면 '꾸준히 그리고 치열하게' 몰입해야 한다는 점을 배웠다. 청울림 님이 3년의 시간을 투자해서 목표를 이룬 것처럼, 나도 열심히 노력하면 꿈을 이룰 수 있다는 희망을 내 안에 채웠다.

이제 나에게 맞는 투자 전략을 수립할 차례다. 미리 설정한 가성비와 분산투자를 기준으로 당시 내가 처한 상황을 고려했다. 나는 홀몸이 아니라 가족의 생계를 책임지는 가장이고 실거주 집도 있었기에 무리하지 않기로 했다. 탐나는 물건이야 많았지만, 1채에 내가 조달할 수 있는 모든 자금을 투입하지 않는 쪽으로 방향을 잡았다. 즉, 투자금이 적게 들면서 장기적으로 지역 호재가 가시화되며 가치가 상승할 가능성이 큰 물건 여러 채에 투자하기로 했다. 동시에 투자의 목적도 고민했다. 당장 월세를 받음으로써 현금흐름을 창출하는 데 초점을 두어야 할지를 깊이 따져봤다. 고민 끝에 지금은 급여라는 현금흐름이 있으니, 우선은 내가 가진 자산의 규모를 키워야겠다고 생각했다.

# 부동산, 자산의 규모를
# 키우기에 딱!

갈아탈 아파트 매수:
그래도 자녀 교육은 서울에서

투자 경험담과 조언을 얻기 위해 회사 내에서 부동산 투자 고수로
알려진 분들을 수소문했다. 그러던 중 한 본부장님이 부동산 투자
로 부를 일군 자산가라는 얘길 들었다. 어느 날 퇴근 후 그 본부장
님이 마련한 '맥주 번개'에 우연히 참석하게 됐다. 나에게는 더할
나위 없이 좋은 기회였다. 분위기가 무르익을 즈음 어떤 아파트를
사면 좋을지 조심스럽게 조언을 구했더니 본부장님이 이렇게 말씀
해주셨다.

"인서울, 호재, 대지지분. 이 세 가지를 보게."

심플했지만 임팩트가 있었다. 그 후로 나의 아파트 투자 기준에 이 세 가지를 추가했다.

가장 먼저 지역을 서울로 한정했다. 앞서 계획한 것처럼 적은 자금으로 여러 채에 투자하는 대신 서울이라는 입지의 가치를 믿고 시간에 베팅하는 전략이었다.

'그래, 서울에 있는 30평대 아파트를 사자.'

아이 교육을 생각하더라도 우선 실거주 용도로 갈아탈 집을 서울에 잡아놓고 시작하는 게 마음이 편할 것 같았다. 게다가 당시 서울 부동산은 서서히 상승세를 보이는 시기였기에 시세차익에 대한 기대감도 있었다.

나는 신혼집과 가까운 강동구에 주목했다. 하남에 살면서 한강과의 접근성, 풍부한 녹지, 편리한 고속도로망이 주는 삶의 질에 만족했던 터라 비슷한 장점을 가진 강동구가 눈에 들어왔다. 살면서 자주 왕래한 지역이기에 익숙한 곳이기도 했다. 당시 내가 관심을 둔 동네는 대단지 아파트 재건축이 한창이었고 지하철 9호선 연장 이슈도 있었다. 인서울과 호재라는 조건을 만족하는 동네였다. 게다가 유명 사립고들도 있어서 학군도 괜찮았다. 그 동네에 이미 집을 사놓은 회사 과장님 이야기를 들어보니 시간이 갈수록 실거주하기 괜찮은 동네가 될 것 같았다. 당시 내 경제적 상황을 고려할 때 강남 입성을 위한 첫 번째 징검다리로 그만한 동네는 없다고 생각했다.

아이가 태어나기 전부터 그 동네로 자주 '임장(현장 답사)'을 갔다. 시세 동향을 꾸준히 체크하는 건 기본이고 동네에서 어느 아파트가 가장 인기 있는지, 아파트 입지별로 특징과 차이점은 무엇인지 공부했다. 관련 정보가 인터넷 카페에 널려 있었기에 그리 어렵지 않았다. 동네를 구석구석 다니면서 인터넷에서 얻은 정보와 내가 직접 확인한 내용을 비교하는 작업을 계속하며 조금씩 감을 쌓아갔다.

그렇게 하다 보니 나중에 실거주로 갈아탈 생각으로 조용하고 쾌적한 환경을 찾던 나의 눈에 한 아파트가 들어왔다. 사실 그동안 염두에 뒀던 핵심 단지는 아니었다. 하지만 상대적으로 가격이 싸서 자금 조달 부담이 덜하다는 점, 앞으로 실현 가능성이 큰 호재가 풍부하다는 점, 대지지분이 많다는 점을 보고 실거주하면서 장기적으로 투자하기에 괜찮은 선택지라고 판단했다.

그 지역에서 가장 오랫동안 중개업을 해온 부동산 사장님을 수소문 끝에 찾아냈고, 틈틈이 찾아가 상담하며 친분을 쌓았다. 아이가 태어나기 3개월 전부터는 아내도 운동 삼아 함께 다니며 아파트를 둘러봤다. 그렇게 마음 한구석에 찜해둔 채 매수 자금이 마련되기를 기다렸다. 그러는 동안 아이가 태어났고, 시간이 흘러 해가 바뀌었다.


2018년 1월.

회사 시무식을 한 지 얼마 되지 않은 날이었다. 그 동네에 집을 먼저 사놓은 과장님과 바람을 쐬던 중 집 산 지 1년 만에 2억이 올랐다는 이야기를 들었다. 순간 멍해졌고 이러고 있을 때가 아니라는 생각이 들었다. 스마트폰으로 내가 찜해둔 아파트의 현 시세를 보여드렸더니 과장님이 말했다.

"서울인데 이 정도면 싼 거야. 살 생각이 있으면 그때 사는 게 제일 싸더라."

내가 생각한 매수 시점보다 아직 이르다고 여기던 참이었는데 과장님 말씀을 듣고 보니 아차 싶었다.

'그래. 어차피 사기로 마음먹은 거 대출을 받더라도 지금 사자.'

퇴근하자마자 아내에게 내 생각을 말했더니 아내도 흔쾌히 따라주었다. 나는 바로 부동산 사장님께 연락했고 다음 날 괜찮은 매물이 나왔다는 연락이 왔다. 전세를 2년 더 연장하는 매물로 다른 부동산 쪽 매수자와 경쟁이 붙은 상태였다. 집을 직접 확인할 겨를이 없었지만 이미 그 아파트를 훤히 꿰고 있었기에 괜찮은 물건이라고 확신했다. 나는 망설임 없이 바로 가계약금을 넣었다. 그리고 며칠 후, 처음으로 집을 확인하고 안도하며 계약서에 서명했다. 마침내 서울에 내 이름으로 된 아파트가 생긴 순간이었다.


## 투자용 아파트 매수: 우리 부부의 노후를 위해

하나둘씩 매수 경험이 쌓이고 투자한 아파트의 가격이 오르는 걸 보면서 나는 점점 부동산에 몰입했고, 참고하는 부동산 관련 카페와 카톡 대화방 수도 점점 늘어갔다. 그 덕분에 다양한 정보와 고수들의 식견을 접하면서 시장 흐름을 꾸준히 파악하고 내가 느끼던 부족함을 조금씩 채울 수 있었지만, 부동산 투자에 들어가는 나의 에너지와 시간 역시 늘어났다.

2018년 8월.

날씨 못지않게 서울 아파트의 상승세도 뜨거웠다. 내 명의의 빌라에 살던 동생이 집을 구해 나가면서 새로 세입자를 들였고, 보증금 명목의 돈이 생겼다. 서울에 아파트 1채를 더 살 기회가 왔다. 투자 목적은 두 가지였다. 우리 부부의 노후 대비 또는 훗날 아이 교육을 위해 강남으로 들어갈 때 필요한 자금에 보태는 것이었다. 당장은 큰돈이 되지 않더라도 오래 묵혀두면 수익률이 높을 '가성비 좋은' 아파트를 찾기 시작했다.

그런 면에서 재건축 아파트는 나에게 좋은 투자 대상이었다. 열심히 부동산 카페를 들락거리다가 매력적인 아파트를 발견했다. 딱히 가시화된 호재는 없지만 인서울과 대지지분 조건을 충족하는 물건이었다. 갖고 있는 돈에 대출을 조금 받으면 전세를 끼고 살 수 있을 것 같았다. 가장 중요한 건 재건축 사업성이 있느냐였다. 아버지께 여쭈니 사업성이 충분하다는 조언을 주셔서 매수를 결심했다.

이번에도 각종 수단을 총동원해서 평판이 좋은 부동산 사장님을 찾았다. 매수 의사를 적극적으로 밝히고 매물이 나오는 대로 연락을 달라고 부탁했다. 다음 날 두 집을 볼 수 있다는 연락에 퇴근하고 바로 부동산으로 향했다. 혼자 보는 것보다는 둘이 보는 게 더 나으리라는 생각에 집에 있던 아내도 불렀다.

먼저 아파트 단지를 둘러봤다. 지은 지 30년이 훌쩍 넘은 오래된 9층짜리 아파트였지만 아직 튼튼해 보였고, 단지 분위기도 고즈넉해 마음에 들었다. 그런데 매수세가 있다는 소문이 벌써 돌았는지 집주인들 분위기가 심상치 않았다. 한 집은 그새 매물을 거둬서 못 보고 나머지 집만 봤는데, 전반적으로 상태가 괜찮아서 그날 저녁에 바로 가계약을 하려 했다. 하지만 집주인이 시간을 끌면서 확실한 매도 의사를 밝히지 않아 실패로 돌아갔다.

한번 마음을 먹은 이상 쉽게 포기할 내가 아니었다. 다음 날 부동산에서 다른 집이 나왔다고 연락이 와서 퇴근하고 또 찾아갔다. 하지만 상태가 처음 본 집보다 별로였고 가격도 더 비싸서 계약하지 않았다. 사흘 뒤, 부동산에서 다른 집이 나왔다고 연락이 왔다. 이제 그만하자는 아내를 겨우 설득해서 함께 보러 갔다. 다행히 그동안 본 집들 중에 상태가 가장 좋았고 최근 누수가 발생해 바닥공사를 새로 했다는 점도 마음에 들었다. 반전세(보증금 + 월세) 조건이라 준비한 매수 자금이 조금 부족했지만, 누수 탓에 아랫집과 실랑이를 하느라 지칠 대로 지친 집주인의 매도 의사가 확실했기에 이번만큼은 놓치고 싶지 않았다. 결국 나는 대출을 더 받았고 아랫집과의 분쟁이 해결될 때까지 그 돈을 부동산에 맡겨두는 조건으로 계약을 마쳤다.

그렇게 나는 아파트 투자를 시작한 지 1년 만에 서울 부동산 불패론을 신봉하는 다주택자가 됐다. 똘똘한 1채보다는 다각화된 포트폴리오 구성을 선호하는 투자 성향에 맞게 보유 물건도 빌라부터 아파트, 재개발과 재건축까지 고르게 분산되어 있어서 만족스러웠다. 하지만 그때는 몰랐다. 내가 그토록 노력해서 쌓아 올린 탑을 1년 뒤에 내 손으로 무너뜨리게 될 줄은.


## 3개월 만에 아파트 3채를 팔다

2019년 8월.

보유 중인 아파트들을 팔기 위해 부동산에 내놓기 시작했다. 매도하는 이유는 크게 두 가지로, 자산 포트폴리오 구조조정 그리고 투자이민이었다. 부동산에 대한 정부의 규제가 점점 강화됐고, 미·중 무역전쟁이 격화되면서 세계 경제의 변동성도 더욱 커지고 있었다. 나는 국내 부동산 비중을 줄이고 미국 주식을 포함한 해외 기축통화• 자산 비중을 늘리는 방향으로 자산 포트폴리오를 조정해야 한다는 필요성을 절실히 느꼈다. 그때 마침 결심한 포르투갈 투자이민은 나의 판단을 과감히 실행에 옮기는 데 촉진제 역할을 했다.

이민에 필요한 현지 부동산 투자 조건을 채우기 위해서는 갈아탈 아파트와 실거주 아파트만 팔아도 투자자금을 마련하는 데 문제가 없었지만, 현지에서 안정적으로 생활할 수 있도록 투자용으로 산

---

• 국가 간 결제나 금융 거래의 기본이 되는 통화로 달러화, 유로화 등이 있다.

아파트도 고심 끝에 팔기로 했다. 꼬박 1년을 부동산 투자에 몰입했는데 그 결실을 내 손으로 갈아엎어야 하는 결정이었다. 하지만 망설임은 없었다. 결심을 한 이상 하루라도 빨리 포르투갈에 새 출발의 씨앗을 뿌리고 싶었다.

뜻이 있으면 길이 있다고 했던가. 부동산 시장의 흐름을 열심히 읽고 노력한 덕에 운이 따라주었다. 나는 3개월 만에 3채를 모두 매도하는 데 성공했다. '매수는 기술이지만 매도는 아트다'라는 시장의 속설처럼 매도는 매수보다 훨씬 어려웠다. 앞으로 이런 경험을 또 언제 할까 싶은 생각에 3개월 동안의 매도 과정을 겪으며 느낀 점을 정리했다.

## 매수는 1:다(多) 대응이지만
## 매도는 1:1 대응이다

물건의 입지에 따라 차이는 있겠지만, 부동안 투자는 본질적으로 매수보다 매도가 불리한 게임 구조다. 매수자는 선택의 폭을 가진 상태에서 물건을 고를 수 있고 마음에 드는 물건이 없으면 매수하지 않고 시간을 보낼 수도 있다. 하지만 매도자는 내 물건이 마음에 들어서 사줄 단 한 명의 매수인을 찾아야 한다. 아무리 인기가 많은 대단지라도 단지 내에 매물이 내 것만 있는 게 아니라면, 누구일지 모르는 잠재적인 매도인과 매수인들을 두고 경쟁을 해야 한다.

## 이 사실을 인지하는 순간,
## 매도자는 심리적으로 쫓기게 마련이다

나는 해가 바뀌기 전에 2채를 반드시 팔아야 했고 가능하면 1채를 더 팔아야 좋은 상황이었다. 겉으로야 '안 팔리면 포르투갈에 못 갈 팔자라고 생각하지 뭐' 하며 여유를 부렸지만 시간이 흐를수록 심리적으로 쫓기는 나를 마주했다. '어떻게 하면 내 물건을 시장에 부각할 수 있을까? 언제 내놓아야 잘 팔릴까? 어떤 부동산에 내놓아야 쉽게 팔릴까? 얼마나 깎으면 바로 팔릴까?' 계약이 성사될 때까지 이런 생각이 나를 계속 괴롭혔다.

## 심리적 불안을 극복하는 출발점은
## 욕심을 내려놓는 것이다

투자자 입장에서 수익에 대한 욕심을 내려놓는 건 쉽지 않다. 다들 돈 많이 벌려고 투자하는 것 아닌가. 아이러니하게도 내 욕심을 통제해준 것은 바로 세금이었다. 다주택자도 모자라 임대사업자였기에 막상 팔려고 하니 운신의 폭이 크지 않았다. 1채라도 파는 순간 양도소득세가 중과될 수 있었기 때문이다. 어쩔 수 없었다. 중과세 부담을 고려해서 세후수익을 계산할 수밖에. 대신 수익을 극대화하기 위해 양도차익에 따른 세율 구간을 염두에 두고 매도 가격을 조정했다. 욕심을 부려봐야 세금을 내고 나면 남는 게 없다는 판단이 섰다. 회사 연봉과 비교하면서 '어디 가서 1년 만에 이 정도 수익을 얻을 수 있겠냐'며 위안하기도 했다. 그렇게 욕심을 내려놓고 최대한 빨리 파는 데 초점을 둔 결과, 짧은 기간 내에 매도에 성공했고 목표했던 수익도 얻을 수 있었다.

## 매도 타이밍을 좀더 쉽고 빠르게 잡는 방법은 있다

매도에서 가장 중요한 건 뭐니 뭐니 해도 타이밍이다. 그리고 매도에 가장 좋은 타이밍은 당연히 상승장이다. 인터넷 카페와 SNS 덕분에 강남 핵심 지역을 기준으로 삼고 그 지역의 상승 파동이 내가 가진 물건에 도달할 시간을 예측하는 일이 과거보다 훨씬 수월해졌다. 상위 급지, 차상위 급지, 비슷한 급지의 거래 동향을 주시하면서 보유 물건의 매도 기간*을 정했다.

계절적인 거래 추세도 고려했다. 포르투갈 1차 답사를 다녀온 직후가 여름휴가 기간이었기에 일을 잘할 것 같은 부동산에 매물을 주되 온라인상에 홍보는 하지 말라고 요청했다. 거래가 잘 안 되는데 괜히 매물만 많아 보이는 것은 그다지 좋을 것이 없다는 판단에서였다. 추석 이후부터 늦어도 11월까지가 집을 보러 다니는 사람들이 가장 많은 기간이라고 생각했기에 일종의 숨은 매물로 부동산

---

* 매물로 내놓는 시점부터 매도가 성사될 때까지의 기간

이 영업 재량을 발휘할 여지를 주고자 했다. 추석이 지난 뒤부터 적극적으로 부동산을 독려하기 시작했고 거래 성사를 위해 열심히 하는 부동산에는 더욱 정성을 쏟았다.

## 결국 임자가 나타나야 집이 팔린다

"어차피 임자가 나타나야 팔려. 우리가 어떻게 할 수 없는 일을 걱정하느라 스트레스받지 말자."

매도 때문에 그놈의 염려병이 도졌을 때 아내가 내게 한 말이었다. 그때는 별로 와닿지 않았는데, 그 말이 정말 맞다고 생각하게 된 사건이 있었다.

그간 세입자들과 관계를 잘 유지해온 덕분에 세를 주었던 집들은 그분들이 열심히 협조해줘서 수월하게 팔렸다. 문제는 내가 사는 집이었다. 이른바 로열동, 로열층인 데다 우리 부부의 첫 보금자리인지라 집 전체를 수리했고 관리도 깔끔하게 해온 터였다. 당연히 가장 먼저 팔릴 거라 생각했지만, 내놓은 지 두 달이 지나도 집을 보러 오는 사람이 없었다. 시간이 지나 사람들이 조금씩 집을 보러 오자 나는 집이 빨리 팔리게 한다는 미신을 시도하기 시작했다. 현관에 가위를 걸어둔 것이다. 그런데 며칠 뒤 부동산에서 연락이 왔다.

"손님이 집 보고 나가다가 가위를 보고 이게 뭐냐고 물어보시는데 둘러대느라 힘들었네요. 오죽 안 팔리면 이렇게까지 해놨을까 부정적으로 생각할 수도 있으니 이왕이면 안 보이는 곳에 두세요."

아차 싶어 가위를 치웠다. 그런데 가위를 지적했던 그 손님이 우리 집을 샀다. 그분이 임자였던 셈이다.

3채를 다 매도하고 나서 문득 이런 상상을 해본 적이 있다. 만약 내가 여러 채를 보유한 대신 이른바 '똘똘한 1채'만 실거주로 보유하고 있었다면 이민을 결심하고 이렇게 과감하게 매도할 수 있었을까? 분산투자를 선호하는 내 성향으로 봐서 1채에 올인하지는 않았겠지만, 만약 그랬다면 그 1채를 포기하기가 쉽지는 않았을 것 같다. 그 집을 포기했을 때의 기회비용이 클 테니 말이다. 아파트에 분산투자했던 나의 선택이 정작 나를 포르투갈 부동산 투자로 이끈 건 아닐까 하는 생각이 들었다.

집을 파는 입장에서는 심리적 불안감을 느끼고 초조해하는 게 당연하다. 상승장이냐 하락장이냐를 떠나, 거래 구조상 파는 것이 사는 것에 비해 유리한 포지션이 아님을 받아들이고 욕심을 조금 내려놓는 것이 좋다. 시장의 흐름에 주목하면서 내 물건에는 언제 신호가 올지 예측해보고 할 수 있는 최선을 다하되, 어차피 물건의 임자는 정해져 있다는 여유를 가진다면 매도가 조금은 더 쉬워지지 않을까. 매도 과정을 겪으며 얻은 나름의 깨달음이다.

# 이제 부동산 투자도
# '가성비'다

## 서울 아파트, 그들만의 리그

서울 부동산, 특히 아파트가 좋다는 것은 누구나 아는 사실이다. 하지만 이미 많이 오른 탓에 매수하기가 현실적으로 점점 더 어려워지고 있다. 서울 아파트 시장은 신축 아파트의 강세 속에서 시장이 가격대별로 계층화되는 현상이 진행 중이다.

정부의 재건축 규제 강화로 앞으로는 공급 물량의 부족이 예상되고, 이에 따라 핵심 지역과 신축 아파트에 대한 선호가 여전히 시장을 견인하고 있다. 규제에도 불구하고 서울 아파트 가격은 지난 몇 년간 지속적으로 상승했다. 이런 경험을 통해 서울 아파트에 관심 있는 대한민국 국민이라면 누구나 좀더 상위 급지, 좀더 신축일수록 절대적 안전자산이라는 믿음을 갖게 됐다. 이 믿음을 바탕으로 저금리 대출을 활용해서 좀더 빨리, 좀더 높은 레벨로 올라가려는 사람들의 경쟁심리가 지금까지 시장을 이끈 동력이었다.

하지만 정부가 다음 레벨로 가는 데 아주 긴요한 '대출'이라는 사다리를 중간중간 끊어버리면서 시장에 유입되는 유동성의 흐름을 막는, 생각보다 큰 장애물이 만들어졌다. 게다가 공시지가 현실화를 통한 보유세 강화로 급지별 보유 비용도 높아졌다. 정부의 조치는 결과적으로 보다 상위 급지로 가는 진입장벽을 높이면서 대출 규제의 기준이 되는 가격대별로 시장이 나뉘는segmented 현상을 초래했다. 서울은 이제 상위 급지로 갈수록 밑에서 올라오는 신규 플레이어가 줄어드는 전형적인 피라미드 형태가 굳어지고 있다. 이른바 '가진 자'와 '감당할 수 있는 자'들만의 리그가 된 것이다.


## 실거주 자가 1채는 반드시 필요하다

본질적으로 집은 투자 상품이기에 앞서 거주 수단이다. 살고 있는 집의 시세가 상승하면 당연히 좋지만, 설령 시세가 하락해도 거주 효용은 유지된다. 따라서 심리적 안정감을 통한 삶의 질을 고려해서라도 실거주 자가 1채는 반드시 필요하다.

실거주 1채는 경제적 자유를 위한 투자 측면에서도 중요한 의미가 있다. 자가를 소유하지 못하면 생활비에 거주 비용이 추가되기 때문이다. 경제적 자유의 출발점은 자산에서 나오는 현금흐름이 생활비를 넘어서는 것이다. 거주 비용이 통제되지 않는다면, 게다가 점점 더 늘어난다면 아무리 노력해도 '밑 빠진 독에 물 붓기'가 되기 쉽다. 경제활동이나 투자를 통해 나오는 현금흐름이 늘어나는 거주 비용을 충당할 만큼 많지 않다면 말이다. 경제적 자유를 꿈꾸는 사람이라면 실거주 자가 1채를 먼저 확보함으로써 거주 비용 변수를 통제한 후, 자신이 생각하는 투자 로드맵에 따라 마음 편히 투자하는 것이 효과적이다. 실거주 1채가 주는 평정심은 부동산 외의 자산에 투자할 때도 심리적 안정감과 자유를 가져다준다.

만약 무주택자이면서 자신이 원하는 지역의 아파트를 구입하는데 자금이 부족한 상황이라면 어떻게 하는 것이 최선일까? 현재 국내 부동산 시장은 유동성과 정부 규제 간의 두더지 게임 형국이다. 정부 규제가 나오면 상대적으로 규제가 약한 지역으로 돈이 이동해서 집값을 올리고, 정부가 그 지역에 대한 규제를 내놓으면 돈은 동등한 규제 조건에서 상대적으로 입지가 좋고 저평가된 지역으로 이동한다. 이렇게 서울에서 수도권으로, 수도권에서 지방으로, 지방에서 다시 서울로 움직이는 유동성의 풍선 효과가 반복되면서 집값은 전반적으로 계속 상승한다.

문제는 이런 추세로 계속 가면 실거주 1채를 마련하기가 점점 더 어려워진다는 것이다. 정부의 규제는 더 심해질 것이고, 집값도 지역을 돌면서 더 오를 테니 말이다. 이제는 청약 넣으면서 기다린다고 내 차례까지 올 것 같지가 않다. 사려는 집을 노려보면서 돈 모은다고 그 집이 나를 기다려줄 것 같지도 않다. 이른바 '영끌(영혼까지 끌어모음)'해서 무리하게 대출을 받아 집을 사려고 해도 대외적인 충격으로 집값이 크게 하락할 경우의 리스크를 감당해야 한다.

결국 뾰족한 방법이 없다. 실거주 1채는 종잣돈과 감당할 수 있는 대출을 합친 자금으로 눈높이를 낮춰 마련하는 것이 최선이다. 서울의 핵심지로 차근차근 단계를 밟아간다는 마음으로 우선은 충분히 감당할 수 있는 선에서 차선책을 선택해 빨리 실거주 집을 마련하는 것이 안전하다. 당장 뭐라도 그릇이 있어야 넘쳐나는 돈을 담을 수 있고, 그래야 그 돈으로 더 크고 좋은 그릇을 마련할 수 있으니 말이다.


## 시장의 중요 변수를 모니터링하라

부동산 투자에서 시장 자체의 미시적 수급과 가격에 초점을 두는 것은 기본이다. 하지만 상대적으로 자본 투하 단위가 크고 투자 기간이 긴 부동산이라는 자산의 특성을 고려할 때, 투자에 따르는 리스크를 최소화하기 위해 시장을 둘러싼 거시적 변수와 이를 움직이는 국제정세에 관심을 가지고 꾸준히 모니터링할 필요가 있다. 이는 과거 수차례 금융위기 때 어려움을 겪었던 부동산 시장의 역사를 통해 얻을 수 있는 교훈이기도 하다.

## 유동성

요즘 부동산 시장의 화두는 단연 유동성이다. 부동산의 상승 논리를 강하게 지지하는 근거 중 하나가 바로 '앞으로도 유동성이 시장에 계속 유입될 것'이라는 점이다. 돈은 흘러넘치는데 투자 대상은 마땅치 않으니 부동산 가격이 계속 오를 수밖에 없다는 것이다. 그렇다면 부동산 시장을 움직이는 유동성의 실체가 무엇인지, 앞으로 시장에는 얼마나 들어올 것인지 한 번쯤 생각해볼 필요가 있다.

유동성을 쉽게 정의하면 '시장에 유통되는 돈의 양'이다. 국내 부동산 시장으로 유동성이 유입되는 경로는 크게 가계대출과 정부 재정지출로 나눌 수 있다. 가계대출의 핵심은 주택담보대출과 신용대출이니, 유동성이 늘어난다는 말은 부동산 시세 상승에 따른 주택담보대출 여력 증가 또는 가계소득 상승에 따른 신용대출 증가를 의미한다. 현재 시점을 기준으로 보면 정부의 대출 규제, 코로나19로 인한 경기둔화와 기업실적 악화 탓에 주택담보대출과 신용대출이 앞으로 유동성 증가에 기여하는 부분은 크지 않을 것이다.

그렇다면 남은 것은 정부 재정지출이다. 앞으로 정부의 재정지출 투입 경로는 가계 대상 현금 지원, 3기 신도시 보상금, 각종 SOC(사회간접자본) 사업 지출(예컨대 광역교통망, 지방분권화 개발 사업 등) 정도로 예상해볼 수 있다. 현금 지원의 경우 1인당 소액으로 지급되므로 시장의 유동성 증가에 유의미한 역할은 하지 않을 것이다. 그럼에도 현 정부의 정책 방향을 고려할 때, 앞으로 재정지출 투입 비중에서 현금 지원이 증가할 개연성은 여전히 높다.

결국 앞으로 시장에 유입될 자금 중 유동성을 증가시킬 만한 부분은 3기 신도시 보상금과 SOC 사업이다. 먼저 SOC 사업을 보자면, 최근 정부에서 발표한 '그린뉴딜' 정책의 내용을 고려할 때 기존에 확정된 사업 외에 토목·건설경기 부양 목적의 새로운 사업이 추진될 가능성은 작아 보인다. 그렇다면 3기 신도시 보상금은 어떨까? 이 역시 부동산 가격 억제를 위해 시장으로 흘러드는 유동성을 차단하는 데 주력해온 정부의 정책 기조를 고려할 때, 현금 보상보다는 대토代土• 등의 다른 방안을 활용할 가능성이 크다.

결국 향후 시장이 원하는 풍부한 유동성은 공급 주체인 정부에 달려 있다. 다만, 정부의 정책 방향을 판단하는 것은 오롯이 투자자의 몫이다.

## 세금

이제 정부는 재정지출 재원을 확보하기 위해 막대한 양의 채권을 발행할 것이다. 주로 정부가 보증하는 식으로 정부 산하 금융기관을 통해 채권을 발행하고, 대부분은 한국은행과 외국인들이 매입한다. 여기서 한국은행은 딜레마에 빠지게 된다. 우리나라는 미국, 유럽연합과 같은 기축통화국이 아닌 데다 '사실상' 고정환율제를 쓰는

---

• 보상금 범위 내에서 해당 공익사업의 시행으로 조성된 토지를 받는 것

중국과 달리 변동환율제를 채택하고 있다. 물론 2020년 현재는 코로나19로 인해 전 세계가 양적완화에 나서고 있기에 우리나라의 양적완화가 크게 부각되는 이슈는 아니다. 그렇지만 미국의 연방준비위원회처럼 무턱대고 채권을 매입하고 계속해서 돈을 찍어주다가는 원화 가치가 하락해 원화의 대외신뢰도에 문제가 생기게 된다. 결국은 불어난 채무를 정리해야 하는데, 정부 입장에서 선택할 수 있는 가장 쉬운 방법은 세수稅收, 즉 세금으로 들어오는 수입을 늘리는 것이다.

그렇다면 그 세금은 어디서 조달할까? 주 타깃은 이른바 '부유세'가 될 것이고 부동산 측면에서는 보유세(취득세, 재산세, 종합부동산세 등)가 될 가능성이 크다. 즉, 부동산 투자에 투입되는 비용은 증가하는 반면에 기대수익은 점점 줄어드는 방향으로 간다는 뜻이다.


## 내가 생각하는 투자 전략

현재 시장의 가장 큰 리스크는 다름 아닌 정부의 규제다. 지속되는 각종 규제로 투자 환경이 악화돼 자금력이 뒷받침되지 않으면 좋은 물건에 접근하기가 어려워졌다. 개인이 쉽게 예측할 수 없다는 측면에서 정부 규제 리스크는 생각보다 크다.

또 하나 생각해야 할 점은 시장 참여자들이 움직이는 속도가 과거에 비해 훨씬 빨라졌다는 것이다. 인터넷과 SNS의 발달로 부동산 관련 정보의 유통 속도가 빨라졌고, 결국 부동산이 돈이 된다는 사실을 확인한 사람들이 지속적으로 시장에 참여하기 때문이다. 현재 부동산 시장은 마치 국내 주식 시장처럼 매매 사이클*이 짧아지면서 이른바 '단타'가 성행하고 있으며, 웬만한 노력으로는 시장 내 자금의 이동을 따라잡기 힘들어졌다. 부동산의 특성상 주식처럼 신속하게 매도하기 어렵다는 점을 고려할 때, 기민하게 움직이지 않으면 후발주자의 덫에 걸리기 쉬워졌다는 뜻이다.

이런 면을 고려할 때, 리스크에 민감한 위험회피형 투자자에게는 현재 실거주 목적 외의 투자를 권하고 싶지 않다. 그럼에도 부동산 투자를 통해 수익을 내고자 한다면 더 치열하게 공부하고 신속하게 움직이는 수밖에 없다. 다만 수익은 정부와 더 나누고 욕심은 덜 부리겠다는 마인드가 필요하다.

만약 여유 자금을 부동산에 투자한다면 매매 사이클을 장기적으로 가져갈 수 있다. 이때 핵심은 변동성이 크지 않으면서 시간이 흐를수록 가치가 상승할 것이 확실한 자산에 투자하는 것이다. 앞서도 언급했듯이 다음 세 가지다.


- **인서울**
- **호재**
- **대지지분**


* 자산을 매수해서 보유하고 매도하기까지의 기간

내가 처음 부동산 투자를 시작했을 때 회사 임원분이 조언해주신 투자 원칙이다. 이를 내 나름의 관점을 더해서 해석한 내용은 다음과 같다.

첫째, 인서울이다. 행정수도를 세종시로 이전한다는 이슈가 있지만, 여전히 서울은 실질적인 우리나라의 수도이자 경제·문화·교육의 중심지다. 어느 곳에서든 접근성이 좋으며 생활을 위한 각종 편의시설과 일자리가 모여 있기에 부동산의 용도와 상관없이 선호도가 항상 높은 지역이다. 이를 좀더 들어가 보면 중심center에 가까울수록 좋은 입지이므로 좋은 투자처라는 것이다. 예를 들면 장기적 수익 관점에서 경기도 신축 아파트보다 서울 도심의 구축 빌라가 더 낫고, 같은 서울이라도 변두리의 신축 아파트보다 도심의 주상복합이 더 나을 수 있다는 얘기다. 인구 구조나 사람들이 선호하는 주택 유형은 시대의 흐름에 따라 바뀔 수 있지만, 과거 역사가 증명해주듯이 중심 입지에 대한 사람들의 선호도는 변하지 않을 것이다. 입지는 시간이 흘러도 변하지 않는 가치이기 때문이다.

둘째, 호재다. 호재란 마치 시장의 상승 엔진에 시동을 거는 점화 스위치 같은 것이다. 호재가 있는 지역의 부동산 가격이 상승한다는 건 누구나 안다. 개발에 따른 인프라 개선이 그 지역의 가치와 삶의 질을 높여주기 때문이다. 하지만 호재가 있으리라고 예측하고 투자하는 것은 현실적으로 리스크가 크다는 점을 나는 직접 투자를 하면서 깨달았다. 언제 시작되고 언제 마무리될지, 계획대로 되기는 할지 등 개발은 투자자가 통제하기 어려운 변수이기 때문이다.

특히 장기적 관점에서 투자할 경우 투자자금이 오랜 기간 묶이기에 자산 운용의 효율성이 떨어진다. 이런 점을 고려해서 호재에 의존하는 투자는 신중할 필요가 있다고 생각한다.

셋째, 대지지분이다. 대지지분은 쉽게 말해 땅의 가치다. 건물은 사라져도 땅은 사라지지 않는다. 즉, 땅은 시간이 흘러도 새로운 건물이 지어지고 새로운 용도로 활용되면서 가치가 계속 상승하는 자산이다. 진짜 거부는 땅 투자에서 나온다고 한다. 땅은 비록 느리지만 확실한 미래가치를 가지고 있다.

이렇게 보면 결론이 정리가 된다. 투자 환경이 어려워질수록 변하지 않는 본질적인 가치에 투자하는 것이다. 만약 장기적인 관점에서 부동산에 투자한다면 되도록 서울 중심에 있고, 앞으로 개발 가능성이 크며, 대지지분이 많은 부동산에 투자하는 것이 최선이다. 호재와 달리, 어디가 중심인지 어떤 물건에 대지지분이 많은지는 누구나 쉽게 파악할 수 있다. 큰 무리 없이 조달할 수 있는 투자자금을 기준으로 입지와 대지지분, 부동산 유형을 선택하되 자신이 처한 상황에 맞게 최적화하는 것이다. 이는 투자자금이 부족할수록 수익률의 기댓값을 높이는 '가성비' 투자이기도 하다.

# 뫼비우스의 띠:
# 투자, 현재냐 미래냐

## 방향은 맞는데 방법이 문제다

투자의 관성은 생각보다 무서웠다. 1년도 안 돼 아파트 2채를 사고 나니 눈에 뵈는 게 없었다. 하나를 사자마자 그다음 살 것을 찾고 있었고, 좋은 물건을 발견하면 내 것으로 만들고 싶어 미칠 것 같았다. 매수 자금을 어떻게 조달할지, 세금 부담을 어떻게 최소화할지 등 정부의 부동산 규제 내용과 세법을 뒤져가며 방법을 찾는 데 몰두했다. 돈을 버는 길이 눈앞에 있는데 가지 않을 이유가 없었다. 조금이라도 빨리 더 많이 사고 싶었고, 아파트를 살 돈이 넉넉한 사람이 제일 부러웠다. 멈출 수 없는 폭주기관차처럼 어느새 나는 스스로 통제할 수 없을 만큼 아파트 쇼핑에 중독되어 있었다. 잠자는 시간 외에는 항상 부동산 생각을 했다. 자기 전에는 항상 스마트폰으로 관심 지역 시세를 확인했고, 부동산 카페를 들락날락하며 올라오는 글은 모조리 읽었다. '고3 때 이렇게 공부했으면 재수도 안 했을 텐데'라는 생각이 절로 들 정도였다.

단시간에 너무 몰두한 게 문제였을까. 나를 대하는 아내의 태도가 달라지기 시작했다. 내가 부동산 이야기를 꺼내면 별 반응 없이 시큰둥했고, 스마트폰만 들여다보는 나를 보며 한숨을 쉬는 일이 잦아졌다. 나에게 말을 거는 일도 부쩍 줄었다. 부동산에 몰입하느라 가족에게 소홀해지는 내 모습에 대한 불만을 그렇게 드러낸 것이다. 이미 투자용 아파트를 매수하러 다닐 때부터 그리 탐탁지 않아 했기에 나도 어느 정도 감은 잡고 있었다. 하지만 나는 속으로 '내가 나 좋으라고 이러는 것 같아? 젊을 때 빡세게 해놔야 나중에 발 뻗고 살지. 뭘 몰라서 저러는 거야'라며 개의치 않았다.

결국 아내가 폭발했고, '현재가 중요하냐, 미래가 중요하냐'라는 답이 없는 주제를 두고 피할 수 없는 말다툼이 시작됐다.

"이 정도 했으면 충분히 괜찮은데 왜 그렇게 힘들게 살아? 이제 좀 내려놔."

아내는 성격상 웬만하면 남에게 싫은 소리를 하지 않는데 직접 나에게 불만을 표시한다는 것은 그동안 꽤 참아왔다는 것을 의미했다. 이해는 했지만 나도 할 말은 있었다.

"안 돼 아직은. 조금이라도 젊을 때 투자해서 자산을 늘려놓지 않으면 나중에 힘들어져. 지금 우리가 아무 걱정 없이 누리는 여유를 나중에는 못 누릴 수도 있다니까."

"하지만 우리에게는 지금 이 순간도 다시 안 올 소중한 시간이잖아. 부동산 투자는 이제 그만하고 가족과 시간을 더 많이 보내면 안 될까? 아이하고도 자주 놀아주고."

"당신은 몰라, 지금 세상이 어떻게 돌아가는지를. 지금도 집값은 계속 오르고 있고, 지금 안 사두면 나중에는 사고 싶어도 못 사는 시절이 온다니깐. 그리고 아이 교육 제대로 시키려면 강남으로 가야 하잖아. 다 우리 가족의 미래를 위해서 나도 어쩔 수 없이 하는 거라고."

우리의 대화는 계속 평행선을 달렸고, 자기 생각을 받아들여 주지 못한다는 섭섭함만 쌓여갔다. 이후로도 현재냐 미래냐를 둘러싼 대화는 계속됐지만 해결은 되지 않았다. 점점 대화가 줄었고 서로의 심리적 거리는 멀어져 갔다. 아내와 대화를 하면 할수록, 인정하기 싫었지만 사실 나는 이미 느끼고 있었다. 방향은 맞지만 방법이 문제라는 것을. 그저 뭔가에 꽂히면 주위 신경 안 쓰고 정신없이 몰입하는 내 성향 탓으로 돌리며 애써 외면하고 있다는 것을.


## 머릿속을 가득 채운
## 세 가지 의문

그 후로도 내 생활의 중심은 부동산 투자에 있었지만, 예전처럼 몰입하기는 쉽지 않았다. 여전히 서울 아파트 가격은 정부의 규제를 비웃기라도 하듯 계속 올랐고, 저평가된 지역과 호재를 쫓아 아파트를 사려는 투자자들의 움직임도 점점 빨라지고 있었다. 여기서 그만두는 건 뒤처지는 거나 마찬가지였다. 하지만 정부 역시 이에 질세라 잇달아 각종 규제를 내놓으며 점점 조여왔다.

그와 함께 투자자금 조달과 앞으로 세금 부담을 둘러싼 내 머릿속 셈법도 복잡해졌다. 무리하게 대출을 받아 투자한다는 것도 썩 내키지 않았다. 투자에 따르는 리스크에 민감한 성향이라 자칫 일이 꼬여서 우리 가족의 경제적 안정을 무너뜨릴까 봐 두려웠다. 게다가 자존심 때문에 아내에게 생활비를 가지고 부담 주기가 싫었다. 이런저런 생각이 들었다.

'가족 보기도 미안한데 이렇게 계속 앞으로 나가면 내가 꿈꾸는 목적을 달성할 수는 있는 걸까? 만약 달성한다면 그간의 노력에 대해 적어도 자신에게는 위로가 되겠지만, 실패한다면 결국 나는 현재도 잃고 미래도 잃는 셈이잖아. 지금도 계속 아파트를 늘려가는 사람들은 참 대단하다. 어떻게 저렇게 할 수 있을까? 다들 투자도 잘하면서 일도 가족도 잘 챙기는, 게다가 돈까지 많은 슈퍼맨들인가? 나는 이렇게 벅차고 힘든데….'

나는 부동산 투자를 계속해야만 하는 이유와 여기서 멈춰야 하는 이유 사이에서 이러지도 저러지도 못하고 있었고, 그렇게 어중간한 상태는 점점 몸과 마음을 지치게 했다.

그러다가 문득 내가 이 길에 왜 나서게 됐는지를 되짚어봤다. 나는 분명 가족의 미래를 위해 경제적 자유가 필요하다는 결론을 내렸다. 그러기 위해 투자는 필수라는 걸 깨달았고, 바로 부동산 투자를 시작했다. 열심히 몰입한 결과 1년 안에 아파트 2채를 내 것으로 만드는 데 성공했고, 보유한 아파트들은 내 결정이 옳았음을 증명이라도 하듯이 지금도 가격이 오르고 있다. 나는 여기에 만족하지 않고 더 많은 아파트에 투자해 자산을 불리기 위해 노력하고 있다. 그래야 그만큼 더 빨리 경제적 자유를 달성할 수 있을 테니 말이다.

아무런 문제가 없어 보였다. 스스로 보기에도 나는 잘하고 있었고 맞는 방향을 향해 열심히 달려가고 있었다. 그런데 뭐가 문제일까? 왜 지금까지 몰입해온 것에 대해 불편함과 의구심을 느끼며 이러지도 저러지도 못한 채 망설이고 있는 걸까?

오랫동안 내 진짜 마음을 들여다보려고 노력했다. 그러던 중 문득 세 가지 의문이 들었다.

- 이 길은 언제까지 가야 끝이 나는 걸까?
- 미래를 위해 현재는 희생할 수밖에 없는 걸까?
- 내 인생은 내가 바라고 꿈꾸던 대로 흘러가고 있는 걸까?

그제야 내가 망설이는 이유가 이 세 가지 질문에 명확한 답을 하지 못하기 때문이라는 걸 깨달았다. 나는 이 질문들에 나만의 결론을 내리지 못했기에 혼란스러웠던 것이다.

그리고 알게 됐다. 이 질문들에 답하기 위해서는 나와 함께 가야 할 '투자'라는 녀석과 대화가 필요하다는 것을. 왜 너와 함께 가는지, 그리고 앞으로는 어떻게 같이 갈 것인지를 진지하게 이야기해봐야 했다.

미국은 전 세계에서 국가의 생산성이 지속적으로 향상되는
몇 안 되는 나라 중 하나다. 미국 증시의 시가총액 1위를 다투는 기업들은
지속적인 혁신을 통해 국가의 생산성을 끌어올리고 있으며
전 세계 시장점유율을 계속해서 장악해나가고 있다.
따라서 미국 증시를 선도하는 기업들에 투자하는 것이
가장 안전하고 효율적인 투자가 될 것이다.

# Financial

# 2장

# 미국 주식 투자로
# 시작하라

Freedom

미국 주식 투자로
시작하라

# 초심으로 돌아가라

## 문제는 밸런스였다

'나는 왜 투자를 하는가?'

투자의 목적에 관한 이 질문부터 나는 다시 진지하게 고민하기 시작했다. 문제 해결의 핵심은 항상 본질에 있다고 생각했기 때문이다. 질문에 대한 나의 답은 명료했다. 경제적 자유를 이루기 위함이다.

'그렇다면 경제적 자유는 왜 이루려고 하는 건가?'

이 역시 자신 있게 답할 수 있었다. 우리 가족의 행복과 미래를 위해서다.

'그런데 왜 가족은 내가 투자에 몰두하는 것을 원하지 않을까? 가

족의 행복을 위한 일인데도?'

그 이유는 내가 투자에 몰두하는 '지금' 내 가족이 행복하지 않기 때문이다.

'왜 행복하지 않을까?'

내가 가족과 함께할 시간과 에너지마저 모두 투자에 쏟고 있기 때문이다.

꼬리를 무는 질문들에 답을 해나가면서 나는 문제의 핵심이 밸런스라는 걸 알게 됐다. 그걸 알면서도 나의 몰입 성향을 핑계로 내세울 순 없었다.

나는 솔직해져야 했다. 투자로 자산이 늘어가는 재미와 투자수익이 주는 성취감을 맛보기 시작하면서 끝없는 목표의식이 생겼고, 이것이 나를 자산의 목표 금액과 투자수익률에 집착하게 했다는 사실을 인정해야 했다. 빨리 가야 한다는 조바심 때문에, 어쩌면 나는 투자에 몰입한 게 아니라 성과에 집착하고 있었는지도 모른다.

투자가 가져다준 달콤한 열매 덕분에 나의 열정과 자존감은 점점 높아졌다. 그 대신 가족과 함께하는 하루하루의 일상 속 소소한 행복은 멀어져 갔다. 가족의 미래라는 핑계를 대면서 나는 어느새 자신의 만족감을 채우기 위한, 나를 위한 투자를 하고 있었다. 나에게 진정한 행복과 만족감을 주는 것은 숫자로 보이는 투자의 열매가 아니라 그 열매를 통해 세상이 주는 수많은 경험, 그리고 행복을 누리면서 알차게 삶을 채워가는 우리 가족의 모습이라는 사실을 미처 잊고 있었던 것이다.

나는 결심했다. 가족의 미래를 위해 투자를 시작했던 그때의 마음가짐으로 돌아가겠다고.

## 부동산 투자,
## 해도 걱정 안 해도 걱정

'부동산 투자를 계속할 것인가?'

투자의 방향성에 관한 이 질문도 내가 풀어야 할 숙제였다. 수많은 성공 사례가 존재하고 자산 중에서 부동산의 비중이 큰 부자들이 많은 우리나라에서 분명 부동산, 특히 아파트는 상대적으로 안전하고 검증된 투자 대상이다. 그뿐인가, 집은 사고파는 대상이기에 앞서 사람이 살아가는 데 꼭 필요한 수단이므로 항상 수요가 존재한다. 그런 면에서 주식보다 매력적이다. 주식이야 안 사도 그만이지만 집은 어찌 됐든 사든지 빌리든지 해야 하니 말이다. 따라서 우리나라 사람들이 부동산 투자를 선호하는 건 상식적으로 당연한 이치다.

문제는 투자 여건이 점점 악화되고 있다는 점이다. 정부는 아파트값 상승의 원인이 투자 수요에 있다고 보고 이를 억누르기 위해 계속해서 강한 규제들을 내놓았다. 대출 규제를 통해 과도한 대출을 막음과 동시에 보유세와 양도세 같은 세금을 높여서 아파트를 사고 보유하고 파는, 이른바 아파트 투자와 관련한 모든 의사결정

단계에 점점 부담을 주고 있다. 아파트를 사는 것과 파는 것 모두 더욱 복잡해지면서 고려해야 할 변수가 점차 늘어났다.

나는 부동산에서 점점 투자의 자유도가 줄어들고 있다는 점이 계속 마음에 걸렸다. 하지만 다른 대안을 찾지 못했기에 뾰족한 수가 없었다. 내가 할 수 있는 건 투자를 내려놓고 쉴 것인지 아니면 계속할 것인지 선택하는 것뿐이었다. 두 가지 선택지를 두고 각 시나리오에서 예상되는 결과를 머릿속으로 그려봤다.

만약 전자를 선택한다면, 즉 투자를 내려놓고 쉰다면 어떨까? 일단 내 몸이 편해지고 가족도 만족할 것이다. 후속 투자로 인해 발생하는 리스크도 없을 것이다. 하지만 따라가지 못해 불안하고 조바심이 나는 내 마음은 감당해야 한다. 만약 후자를 선택한다면, 말 그대로 정부의 경고에 아랑곳하지 않고 틈새를 찾아 투자를 계속한다면 어떻게 될까? 대출을 받을 수 있는 구멍을 찾아 어떤 방법으로든 투자를 하면 보유 자산과 투자수익은 늘어날 것이다. 하지만 늘어나는 이자 부담과 앞으로도 강화될 정부의 규제에 따른 리스크 역시 더 커질 것이다. 이자 부담이야 내가 예상해서 대비하면 되지만 문제는 정부의 규제다. 내가 통제할 수 있는 부분이 아니기 때문이다. 부동산 투자를 하는 많은 사람이 정부는 시장을 절대 못 이긴다고 말했다. 하지만 내가 정부를 이길 수 있느냐 아니냐는 분명 다른 차원의 문제다.

미래에 대한 잔걱정과 염려가 많은 나의 성향상 투자한 아파트가 많아질수록 물건의 보유 전략과 매도 시점에 대한 고민이 많아지리라는 것은 불을 보듯 뻔했다. 이미 가지고 있는 아파트들도 입주는 언제 할 것인지, 예상되는 보유세와 양도세 부담은 어떻게 최소화할지, 임대는 어떤 방식으로 할지 등등 항상 신경을 쓰고 머릿속으로 계산기를 두드리고 있었다. 그런 나를 옆에서 지켜보면서 가족이 받는 스트레스도 생각해야 했다. 부동산 투자를 더 할지 말지를 선택할 때 가장 고려해야 할 점은 다름 아닌 내 성향이었다.

더욱더 치열하게 노력해서 얻은 결실을 앞으로는 정부와 더 많이 나누어야 한다는, 점점 불리해져 가는 이 게임의 규칙을 순순히 받아들이고 계속 진행할 것인가? 생각하면 할수록 이건 아닌데 싶었다. 현실에 대한 불만족이 내 안에서 마구 커지고 있었다. 그렇게 나의 '불변행' 사이클이 다시 기지개를 켜기 시작했다.

## '미국 주식'이라는 대안을 찾다

2019년 1월.

부동산과 함께 치열한 1년을 보낸 후, 투자의 한계를 느끼던 나는 부동산을 대체할 투자 대상을 찾기 시작했다. 경제적 자유를 향한 여정을 여기서 멈출 수는 없었다. 그러던 중에 부동산 투자를 하며 참고했던 인터넷 카페와 블로그에서 내 눈에 자꾸 들어오는 아이템이 있었다. 미국 주식이었다. 하나하나 알아갈수록 뭔가 새로운 돌파구를 찾은 느낌이 들었다. 나는 또 서점으로 달려갔다. 부동산에 비해 미국 주식 관련 서적은 많지 않았다. 오히려 나는 그 점이 좋았다. 아직 잘 알려지지 않은 보물섬을 찾는 마음으로 책을 통해 본격적으로 미국 주식을 파고들었다.

주식 투자를 투기라고 생각하고 리스크를 싫어하던 내가 하물며 국내 주식도 건너뛰고 미국 주식에 투자하려면 나 자신을 이해시킬 만한 이유가 필요했다. 그래야 투자를 하면서 힘든 시간이 와도 자신을 설득하며 계속 앞으로 나아갈 수 있을 테니까. 얼마 안 가서 나는 미국 주식이 나의 투자 성향과 잘 맞는 이유를 세 가지로 정리했고, 계좌도 개설했다. 주식이라면 손사래를 치던 내가 증권사 지점을 내 발로 찾아가서 해외 주식 계좌를 개설하고 나오는 모습이 그렇게 낯설고 신기할 수가 없었다.

내가 찾아낸 세 가지 이유는 다음과 같다.

## 1. '달러화 자산'의 가치

현재 우리가 투자할 수 있는 달러화 자산은 아주 다양하다. 그중에서 대표적인 자산으로 미국 주식과 미국 채권이 있다. 이 두 가지는 미국 증권 시장에 상장된 주식이나 ETF˚를 보유하는 형태로 투자할 수 있다.

달러화 자산의 가장 큰 장점은 원화 가치에 대한 리스크를 헤지

˚ 인덱스펀드를 거래소에 상장해 주식처럼 쉽게 거래할 수 있도록 만든 상품으로, 상장지수펀드(Exchange Traded Fund)라고 부른다.

할 수 있다는 점이다. 이를 흔히 '환쿠션 효과'라고 한다. 원화로 보유하고 있는 자산은 원화 가치가 하락하면 평가손실이 발생하게 되는데, 이를 달러화 자산의 상대적 가치 상승으로 커버한다는 뜻이다. 우리나라 부동산과 상관관계가 가장 낮다고 알려져 있는 미국 채권의 예를 보자. 국내 부동산과 달러화 표기 미국 채권 상당량을 동시에 보유할 경우, 부동산 하락장이 왔을 때 그에 따른 손실을 미국 채권 가격의 상승으로 어느 정도 보전할 수 있다. 마치 시소처럼 한쪽이 내려가면 다른 쪽이 오르면서 자산가치 변동의 폭을 줄여준다.

우리나라는 소규모 개방경제*로 GDP(국내총생산)의 상당 부분을 수출에 의존하는 경제 구조다. 주요 수출국이 미국과 중국인데 다양한 외부 변수로 인해 이 양국의 경제가 악화되면, 외국인 투자자들은 투자에 따른 위험을 피하기 위해 국내 증시에 투자했던 자금을 회수한다. 이렇게 주식 매도로 회수한 투자금을 다시 달러로 바꿔 나가려는 수요가 늘면서, 국내 증시는 하락하고 상대적 안전자산인 달러화의 가치는 상승한다. 이런 경우 보통 시차를 두고 국내 부동산 가격에도 하방 압력이 작용하게 된다. 특히 요즘처럼 국내외 경제가 혼란스럽고 어려울수록 달러화 자산의 가치는 더 빛을 발한다. 미·중 무역전쟁, 코로나19 확산으로 인한 국내 증시 상황과 원/달러 환율의 흐름이 이를 잘 보여준다.

---

* 나라의 경제 규모가 전 세계 경제에 미치는 영향은 작으면서 금융 및 자본 시장의 개방도가 높은 경제 구조

미국 주식은 달러화로 거래되기 때문에 미국 증시가 하락하면 투자자들이 상대적으로 안전한 달러화로 몰리면서 달러화 가치가 상승하는 경우가 일반적이다. 원화 가치 관점에서 보면 미국 주식의 가격 하락을 원/달러 환율의 상승으로 커버함으로써 손실폭을 줄일 수 있다.

만약 미국 채권이나 금 ETF 같은 달러화 표기 자산에도 함께 투자한다면, 증시가 하락할 때 투자자들의 자금이 주식에서 채권이나 금 같은 안전자산으로 쏠리는 경향을 이용해 손실폭 감소 효과뿐 아니라 자산 가격의 상승이라는 추가이익을 얻을 수도 있다.

## 2. '생산성'의 가치

미국은 전 세계에서 국가의 생산성●이 지속적으로 향상되는 몇 안 되는 나라 중 하나다. 애플Apple, 구글Google, 마이크로소프트Microsoft, 아마존Amazon 등 미국 증시의 시가총액 1위를 다투는 기업들은 지속적인 혁신을 통해 국가의 생산성을 끌어올리고 있으며 전세계 시장점유율을 계속해서 장악해나가고 있다. 미국의 생산성은 주식 시장 대표지수인 S&P500에서도 여실히 드러난다. 주가가 일정한 가격 범위의 박스권에 머물며 꾸준히 상승하지 못한 탓에 '박스피'라는 오명을 얻은 코스피와 달리, 미국 주식 시장은 최근 10년

---

● 투입된 자원 대비 산출되는 생산량을 의미한다. 생산성이 클수록 높은 부가가치를 창출한다고 볼 수 있다.

간 꾸준히 상승해왔다. 기업의 주가 및 배당금이 지속적으로 높아지기 위해서는 해당 기업의 지속적인 생산성 향상 및 수익 창출이 전제되어야 한다. 이 점을 고려한다면 현시점에서 미국 증시를 선도하는 기업들에 투자하는 것이 가장 안전하고 효율적인 투자가 될 것이다.

## 3. '장기 투자'의 가치

미국 기업은 한국과 달리 주주친화적이어서 한국 기업보다 더 자주, 더 많은 배당금을 지급해왔다. '배당킹', '배당귀족' 등으로 불리며 수십 년 동안 배당금을 한 번도 줄이지 않고 계속 늘려 지급해온 기업도 아주 많다. 기업들은 배당에 인색하고 투자자들은 단기매매 위주인 국내 주식 시장에 비해 미국 주식 시장은 배당금이 꾸준히 지급되며, 이를 재투자하여 주식 보유량을 늘리는 투자자도 많다. 보유량이 늘수록 배당금이 증가하기에 이런 복리 효과를 활용해서 장기적으로 자산을 키워가기에 더할 나위 없이 좋은 곳이 바로 미국 주식 시장이다.

처음 시작하는 만큼 수익률 욕심은 내려놓고 경험을 통해 하나씩 배워간다는 마음으로 투자에 나섰다. 주식 투자에서도 리스크 관리를 중시하여 종목 포트폴리오를 보수적으로 운영했다. 학습과 투자를 병행하면서 미국 주식 시장을 점차 알아갔고, 투자 성과도 조금씩 나타나기 시작했다. 실제로 투자한 주식의 가격 변동을 통해 책으로 배운 내용이 실제로 어떻게 나타나는지 확인하는 과정은 투자 내공을 키우고 나만의 투자 원칙을 만들어가는 데 많은 도움이 됐다. 무엇보다도 미국 주식 투자를 통해 반강제적으로 우리나라를 넘어 세계 경제의 작동 원리에 관심을 두고 이해하려는 노력을 하게 됐다. 직접 공부하고 이해한 내용을 실제 투자에 적용하면서 전 세계적으로 일어나는 정치적·경제적 현상을 바라보는 시야의 폭과 깊이가 조금씩 성장한다는 걸 느낄 수 있었다.

좋은 점이 또 하나 있었다. 미국 증시가 밤 10시 넘어 열리기에 퇴근 후 가족과 충분한 시간을 보내게 됐다. 아이를 먼저 재워놓고 자기 전에 잠깐 들어가서 시장 상황을 보고 생각해둔 시나리오에 따라 매매를 했다. 아침에 일어나면 전날 시장을 확인하고 앞으로 어떻게 대응할지 출근길에 머릿속으로 그려보면 됐다. 이제는 온종일 지역별 시세를 파악하고 매물을 체크하고 투자자 동향을 파악하느라 매달려 있을 필요가 없었다. 자연스럽게 아내의 불만도 줄어들었고 집안 분위기도 좋아졌다.

미국 주식이 보여준 가능성을 통해 나는 해외 자산 투자의 세계로 시야를 넓혀가고 있었다.

# 해외 자산 투자로
# 눈을 돌리다

## 미국 주식 투자,
## 어떻게 공부해야 하나

국내 부동산과 달리 미국 주식은 투자 여부를 판단하는 데 확신을
가질 만한 근거가 부족했다. 주식에는 아예 관심을 끄고 살아서 직
접 경험할 기회가 없었으니 당연한 일이기도 했다. 나는 가능한 한
많은 정보를 수집해서 미국 주식을 꼼꼼히 공부하기로 했다. 내가
선택한 교재는 책과 인터넷이었다.

　당시 네이버 포스트에 연재 중이던 조던 김장섭 님의 투자 칼럼
은 미국 주식에 투자해야 하는 이유를 정리하는 데 많은 도움이 됐
다. 국제정세와 세계 경제를 꿰뚫는 조던 님의 식견은 미국 주식 투

자에서 필수적인 향후 산업 트렌드와 글로벌 유동성의 흐름을 파악하는 데 유용했다. 어떤 산업과 종목에 투자할 것인지에 대해서는 《4차 산업혁명 시대 투자의 미래》, 《잠든 사이 월급 버는 미국 배당주 투자》, 《미국 배당주 투자지도》를 참고했다. 경제적 자유를 위해서는 현금흐름이 지속적으로 창출되어야 했기에 배당금을 꾸준히 지급하는 배당주에도 관심을 가졌다.

먼저 성장주 측면에서는 가장 중요한 부분이 기업의 지속적인 성장 가능성이므로 앞으로 어떤 산업이 대세가 될 것인지, 그 산업의 선도 기업 또는 시장을 지배하고 있는 기업은 어디인지를 먼저 파악해서 정리했다. 배당주 측면에서는 현재 산업 섹터별 1위 기업들을 포함해서 책에 소개된 기업들의 과거 배당금 지급 성향을 중점적으로 체크했다. 어차피 초보자 입장에서 가장 효과적인 전략은 거인의 어깨에 올라타는 것이라고 생각했기에 되도록이면 저자들이 공통으로 보유하고 있는 기업들을 우선적인 투자 대상으로 고려했다. 투자 대상 기업들을 선별하고 나서는 해당 기업의 시장점유율과 재무건전성을 확인했다. 투자 정보를 제공하는 웹사이트들 중에는 유료 구독을 해야 하는 경우가 있었기에 해당 기업에 투자하는 국내 투자자들의 블로그를 찾아 관련 정보를 확인했다. 동시에 그들이 왜 그 기업에 투자하는지 나의 관점에서 꼼꼼히 따져보는 방법도 병행했다.

미국 주식 투자를 시작하기 전에 기본적으로 알아두어야 할 정보는 수미숨 님의 네이버 블로그 '수미숨월드'를 참고했고, 투자에 참고할 미국 증시 관련 실시간 뉴스나 정보는 베가스풍류객 님이 운영하는 네이버 카페 '미국 주식 이야기'를 활용했다.

중요한 것은 이렇게 간접 경험을 통해 얻은 지식과 통찰력을 온전히 내 것으로 만드는 일이었다. 미국 주식 고수들은 추구하는 투자 목표와 스타일이 저마다 다르고 투자하는 종목도 똑같지 않았기 때문에 투자의 방향성을 참고하되 내 성향에 맞는 나만의 투자 스타일을 만들어나가기로 마음먹었다. 그간 찾아낸 다양한 재료를 활용해서 흰 도화지에 투자에 대한 나만의 그림을 그릴 때가 온 것이다.


## 성장주와 배당주, 나의 선택은?

실전에 앞서서 앞으로 어떻게 투자할 것인지 전략을 수립할 필요가 있었다. 나는 투자를 통해 기대하는 목적을 기준으로 투자 전략을 성장주와 배당주, 크게 두 가지로 분류했다.

### 성장주 투자

기업의 성장성이 높은 주식 위주로 꾸준히 매수하면서 주가 상승으로 인한 수익을 추구하는 전략이다. 성장성이 높은 주식, 즉 성장주란 기업이 꾸준히 시장을 확대하고 매출과 수익이 지속적으로 증가하며 앞으로도 계속 그럴 것으로 예상되는 주식이다. 쉽게 말하면 미국 증시에서 시가총액 1위를 다투는 기업의 주식이 대표적인 성장주라 볼 수 있다. 현재 애플(AAPL),* 아마존(AMZN), 마이크로소프트(MSFT)가 여기 속한다.

 '미국 증시 시가총액 1위'의 의미는 기업이 분기마다 발표하는 실적이 우수하며, 앞으로도 그럴 것으로 판단하고 해당 기업에 투자하는 사람들이 전 세계에서 가장 많다는 뜻이다. 주가가 상승해도 그 가격이 합리적이라고 판단하는 투자자들이 많기 때문에 지속적으로 상승하면서 시가총액 1위를 유지할 수 있는 것이다. 또한 해당 주식에 대한 수요가 항상 있기 때문에 거래량이 풍부하다. 즉, 매도 역시 수월하므로 리스크 관리 측면에서도 상대적으로 안전하다는 장점이 있다.

### 배당주 투자

 배당금을 많이 지급하는 주식 위주로 꾸준히 매수하면서 배당 수익을 추구하는 전략이다. 배당금을 많이 주는 기업은 사업 환경이 성숙기에 접어든 경우가 많으며, 현재 사업을 통해 충분한 현금 흐름을 창출하고 있는 기업으로 볼 수 있다. 성장주는 주가 상승률이 높은 대신 벌어들인 수익을 성장을 위해 재투자하는 비중이 커

---

* 괄호 안의 알파벳은 티커(ticker)라고 불리는데, 미국 주식 시장에서 종목을 가리키는 부호다. 기업명의 약자로 이루어지는 경우가 보통이다.

서 배당률이 낮은 편이다. 그에 비해 배당주는 사업 구조가 안정적이고 시장을 지배하는 기업이 대부분이다. 이런 주식을 골라 주가가 주춤할 때를 포착해서 꾸준히 매수하면 높은 배당수익률을 유지할 수 있으며, 분기 또는 월별로 들어오는 배당금을 재투자해서 보유량을 늘리면 복리 효과도 누릴 수 있다. 현재 국내 투자자들에게 익히 알려져 있는 배당주로는 스타벅스(SBUX), P&G(PG), 코카콜라(KO), 존슨앤드존슨(JNJ), AT&T(T), 리얼티인컴(O), 알트리아(MO) 등이 있다.

배당주 투자의 관건은 앞으로도 해당 기업이 현재 수준 또는 그 이상의 배당금을 꾸준히 지급할 수 있느냐이다. 아무래도 재무제표 분석을 통해 기업의 미래를 예측하는 데에는 한계가 있기 때문에 과거에 배당금을 지급한 히스토리를 살펴봄으로써 해당 기업의 배당 성향을 확인해야 한다.

이제 해야 할 일은 두 가지 전략을 나의 투자에 어떻게 적용할지 결정하는 것이다. 나는 주가 상승 이익과 배당수익률 둘 다 포기할 수 없었다. 어차피 많은 금액을 한 번에 투자할 건 아니니 하나의 전략에 올인하기보다는 성장주와 배당주에 골고루 투자하면서 내가 학습한 대로 주가가 실제로 움직이는지 직접 확인해보고 싶었다. 그러고 나서 투자 전략을 수정해도 늦지 않다고 판단했다. 대신 분산투자를 하는 만큼 목표수익률은 6%로 좀 낮게 잡았다. 나는 성장주와 배당주에 '반반' 투자하는 전략을 쓰기로 했다.

# 나만의 투자 원칙,
# 적 · 장 · 분

미국 주식 투자에서 내가 세운 원칙은 '적립식 장기 분산투자'였다.

## 적립식

자금 전액을 한 번에 올인해놓고 하루하루 변하는 주가 움직임에 전전긍긍하는 것은 마음 편한 투자를 추구하는 내 스타일에 맞지 않았다. 언제든 필요할 때 종목을 매수할 수 있도록 달러 현금을 일정 비율 유지하면서 차곡차곡 탑을 쌓아가는 마음으로 투자하기로 했다. 현금 비중은 전체 투자자금의 40%를 유지하고, 하루 매수 수량은 10주를 넘지 않으면서 성장주와 배당주의 비중을 50:50으로 모아가기로 했다.

## 장기적 관점

투자의 목적이 단기매매를 통한 수익 창출이 아니라 경제적 자유를 위해 현금흐름을 늘려가는 것인 만큼, 돈을 담는 그릇의 개수를 꾸준히 늘려가듯이 주식을 모은다는 마음가짐이 필요했다. 과거 주식 시장의 역사를 참고해도 국내 주식에 비해 미국 주식은 장기적 관점의 접근이 더욱 효과적이라는 판단이 들었다. 기본적으로 시세차익과 배당금을 꾸준히 불려간다는 마인드를 가지고 손가락으로 매수 버튼을 누를 힘이 남아 있을 때까지는 계속 시장에 남아서 투자하기로 마음먹었다.

하지만 그렇다고 손실폭이 계속 커지는데도 주식을 들고 있는 것은 투자원금을 까먹는다는 점에서 오히려 장기 투자를 어렵게 할 수도 있다는 생각이 들었다. 내가 설정한 손절매 기준보다 손실이 크거나 내가 정한 매도 기준에 도달할 경우에는 과감히 매도해서 투자자금을 최대한 지키되, 시장이 안정되면 언제든 다시 들어갈 수 있도록 투자 전략을 준비하기로 했다. 나는 개별 주식의 손절매 기준은 보유 평균단가 대비 −10%, 매도 기준은 나스닥 일간지수* 대비 −3%로 정했다.

## 종목과 매매 타이밍의 분산

미국 주식 투자에서도 분산투자를 원칙으로 삼았다. 투자 종목의 분산은 물론이고 매매 타이밍도 분산해서 과다 매수와 매도에 따른 리스크를 줄이고자 했다. 종목의 분산이 수평적 차원의 분산이라면 매매 타이밍의 분산은 수직적 차원의 분산이었다.

투자 종목을 선택할 때 성장주와 배당주 외에 미국 채권, 금, 은 같은 안전자산도 포함하기로 했다. 어느 정도의 수익률 저하를 감

---

* 나스닥 지수 일일 종가를 의미한다.

수하더라도 포트폴리오의 위험을 줄이기 위해서는 주식과 반대로 움직이는 자산이 필요했다. 예를 들면 미국 시가총액 1위 주식의 가격 움직임과 미국 장기 채권의 가격 움직임은 서로 반대로 나타나는 경향이 있다. 즉 음(-)의 상관관계를 가진다. 두 가지 자산에 병행 투자하면 하나의 자산에만 투자했을 때보다 포트폴리오의 기대수익률은 낮아지지만, 전체 수익률의 변동위험은 감소하는 효과가 있다. 나는 미국 주식과 안전자산의 투자 비중을 7:3으로 유지하면서 종목도 다양한 산업 섹터에 분산하는 방식을 선택했다.

애초부터 투자 대상으로는 주식보다 부동산을 더 선호하는 나였지만 부동산에 비해 주식이 갖는 확실한 강점은 알고 있었다. 바로 분할매수, 분할매도가 가능하다는 점이었다. 언제든 내가 원하는 타이밍에 사고팔 수 있기에 설령 투자 판단에서 실수를 하더라도 쉽게 수정하고 복구할 수 있다. 한 번에 전량 매수 또는 전량 매도하기보다는 타이밍을 나눠서 매수 또는 매도하는 것이 고가에 매수하고 저가에 매도하는 위험을 줄여주므로 나에게 맞는 투자 스타일이었다.

## 나만의 매매 원칙,
## 충·금·분

투자를 하다 보면 당연히 매수 또는 매도를 해야 할 시점이 올 텐데

멘탈이 무너져서 충동적으로 저질렀다가 나중에 후회할 일을 만들고 싶지 않았다. 이를 방지하기 위해서는 내 마음이 편한 매매 원칙이 필요했다. 그래서 나의 경험과 다른 투자자들의 사례를 참고해서 분할매매에 기초한 나만의 원칙을 만들기 시작했다. 바로 '충동 금물 분할매매'다. 쉽진 않지만, 지금도 주식을 매매할 때는 내가 정한 원칙을 지키기 위해 부단히 노력하고 있다.

## 매수 원칙:
## 주가가 하락할 때 매수하기

### 보유 종목의 평균단가 대비 주가가 높을 경우

종목의 주가가 전일 대비 1% 이상 하락했을 때, 소량 매수하되 추격 매수는 자제한다. 주가는 매일 오르내리는 것이 당연한 현상이다. 오를 때 높은 가격에 매수했다가 다음 날 매수 가격 밑으로 내려가는 것을 보니, 주가가 계속 올라서 못 사더라도 잠깐 내려갔을 때 매수하는 것이 마음 편할 것 같았다. 내가 투자한 종목에 확신이 있다면 장기적으로 주가가 오른다는 전제를 깔고 있는 만큼, 오를 때보다 내릴 때 매수하는 것이 낫다고 판단했다.

### 보유 종목의 평균단가 대비 주가가 낮을 경우

우선 소량 매수하되 다음 날 주가가 더 하락할 수도 있으므로 무리한 매수는 하지 않는다. 만약 다음 날 주가가 더 하락하면 매수

수량을 좀더 늘려 평균단가를 낮춘다.* 다만, 만약 주가가 계속 하락할 경우 언제까지 계속 추가매수를 할지 기준을 정하는 것이 중요하다. 한 번 물타기를 시작하니 마치 뭐에 홀린 듯이 이성을 잃고 하락장에 계속 추가매수해 보유량을 늘린 적이 있다. 하지만 평가손실액이 점점 불어나는 걸 보면서 언제 올지 모르는 반등 때까지 과연 내가 버틸 수 있을지 두려움이 엄습하기 시작했다. 결국 과감히 손절매했고, 이때의 경험으로 나는 처음 해당 종목에 할당한 투자 비중을 초과하면 즉시 매수를 멈추는 것으로 원칙을 정했다.

## 매도 원칙:
## 나스닥 일간지수 − 3% 시 분할매도하기

가장 고민됐던 게 매도의 원칙을 정하는 일이었다. 매수보다 매도가 더 어렵다는 것은 부동산만이 아니라 주식 투자에서도 마찬가지였다. 최종적으로 이익과 손실을 확정하는 일이기 때문이다. 투자 고수들의 매매 기법을 공부하던 중 조던 김장섭 님이 《내일의 부》에서 제시한 '−3% 매뉴얼'이 눈에 들어왔다. 나스닥 일간지수 기준으로 장 종료 시점에 −3%를 기록하면 보유 주식 전부를 매도하고, 이후 한 달 동안 −3%를 기록하지 않으면 다시 매수하는 방

---

* 이를 흔히 '물타기'라고 표현한다.

법이었다. 주가를 정확히 예측하고 매도하는 것은 인간이 통제할 수 있는 영역이 아니니, 이 방법이 합리적이냐 아니냐를 떠나서 과거 미국 주식 시장의 히스토리 분석에 기반을 두고 도출된 매뉴얼이라는 점이 인상적이었다.

어차피 나에게 필요했던 건 내 성향에 맞는 매도 기준이었기에 −3% 매뉴얼은 경험에 기반을 둔 검증을 중시하는 나의 투자 스타일에 잘 맞았다. 다만 나는 −3% 매뉴얼을 적용하되 보유 주식을 전량 매도하지 않고 분할매도하는 것을 원칙으로 정했다.

분할매도를 통해 매도 여부를 판단할 타이밍을 여러 번 가져가면서 적어도 하락의 원인을 파악하고, 이것이 앞으로 증시의 추가 하락을 가져올 중요한 이벤트인지 아니면 곧 반등이 가능한 일시적 이벤트인지 스스로 이해하고 받아들일 기회를 얻고 싶었다. 하락은 한 번만 발생하는 것이 아니라 앞으로도 수없이 반복될 테니 하락장에 대한 학습 경험은 많이 쌓일수록 좋았다. 게다가 어차피 첫 번째 −3% 발생 후 또다시 −3%가 발생할 확률과 그러지 않을 확률은 반반이었기에 보유 주식의 매도 확률 역시 반반으로 정하는 것이 합리적이라고 판단했다. 그래서 나는 −3%가 처음 발생하면 보유 주식의 50%를 매도하고, 또 −3%가 발생하면 남은 주식을 모두 매도하는 것으로 원칙을 정했다(−3% 매뉴얼 관련 자세한 내용은 조던 김장섭 님의 저서 《내일의 부》를 참고하기 바란다).

# 포스트 코로나,
# 투자 포트폴리오를
# 완전히 바꾸다

## 미디엄 리스크 – 미디엄 리턴

이제 투자를 위한 모든 준비가 끝났다. 남은 건 주식 투자를 직접 실행에 옮기는 일이다. 포트폴리오는 이미 정한 투자 전략과 원칙을 바탕으로 만들어가기 시작했다. 성장주:배당주:안전자산의 비중을 3:4:3으로 정하고 매매 원칙에 따라 주식을 조금씩 늘려갔다.

　우선은 미국 주식에 투자하는 사람이면 누구나 알 만한 종목에 투자했다. 잘 알려진 종목들은 이미 다른 사람들도 수익을 내기 위해 투자하고 있다는 뜻일 테니 그만큼 괜찮은 종목이라고 생각해서였다. 성장주는 미국 증시에서 시가총액 1위를 다투는 기업 위주로, 배당주는 과거 배당금 지급 히스토리상 배당금을 꾸준히 증액

　　　　　　　　　　　　　　　　　　　　　　　**부의 속도**

해온 산업 섹터별 대표 기업 위주로 선정했다. 미국 주식 시장에서 주가가 꾸준히 오르는 기업, 시장에서 퇴출당하지 않고 살아남아서 꾸준히 배당금을 지급하는 기업은 그만큼 글로벌 투자자들이 기업에 대한 신뢰를 갖고 있다는 증거이기에 이를 믿고 투자했다. 적어도 내가 판단한 미국 주식 시장은 오랜 역사와 전통을 갖고 있고 전세계의 투자자금이 모이는 거대한 시장이며, 국내 주식 시장보다 시장 운영이 체계적이고 기업 관련 정보가 투명하게 공개되는 곳이었다. 게다가 시장에 유입되는 막대한 유동성으로 인해 이른바 '작전 세력'의 장난질이 국내 주식 시장보다 여의치 않고, 기업 실적과 주가의 상관관계가 높은 편이었다.

그래서 나는 주가를 있는 그대로 보고 투자했다. 실적 발표 시즌이 되면 야후 파이낸스나 관련 블로그들을 통해 투자 중인 기업의 실적을 확인한 후, 추가매수 여부를 결정하고 투자 비중을 조절했다. 기업 실적을 볼 때 성장주는 EPS(주당순이익)의 성장성을, 배당주는 현금흐름의 안정성을 중점적으로 체크했다.

그렇게 1년이 흘렀고 나의 미국 주식 포트폴리오는 〈그림 2-1〉과 같이 완성됐다.

상세 보유 종목을 보면 성장주로는 미국 시가총액 1, 2위를 다투던 애플(AAPL)과 마이크로소프트(MSFT)가 있다. 그리고 배당주로는 ETF인 PFF와 VIG를 포함하여 AT&T(T)·존슨앤드존슨(JNJ)·리얼티인컴(O)·알트리아(MO)·뉴레지덴셜 인베스트먼트(NRZ), 안전자산으로는 ETF인 20년물 미국 채권(TLT)·금(GLD)·은(SLV)으로

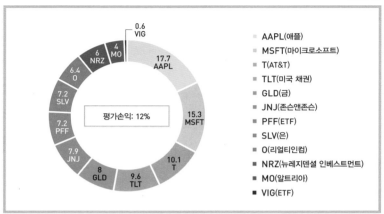

**〈그림 2-1〉 투자 1년 후 나의 미국 주식 포트폴리오**　　　(단위: %)

- AAPL(애플)
- MSFT(마이크로소프트)
- T(AT&T)
- TLT(미국 채권)
- GLD(금)
- JNJ(존슨앤존슨)
- PFF(ETF)
- SLV(은)
- O(리얼티인컴)
- NRZ(뉴레지덴셜 인베스트먼트)
- MO(알트리아)
- VIG(ETF)

**〈표 2-1〉 세부 포트폴리오 구성**　　　(단위: %)

| 구분 | 종목 | 기본 비중 | 현재 비중 |
|---|---|---|---|
| 유형별 비율 | 주식 | 60 | 62.8 |
| | 채권 | 10 | 9.6 |
| | 부동산(REITs) | 10 | 12.4 |
| | 기타(금, 은) | 20 | 15.2 |
| 상품별 비율 | ETF | 50 | 32.6 |
| | 개별 주식 | 50 | 67.4 |
| 성향별 비율 | 성장주 | 30 | 33.0 |
| | 배당주 | 40 | 42.2 |
| | 안전자산 | 30 | 24.8 |

구성되어 있다.

　'하이리스크-하이리턴High risk-High return'보다는 '미디엄 리스크-미디엄 리턴Medium risk-Medium return'을 추구하는 나의 투자 성향이 잘 드러나는 포트폴리오다. 주가 상승에 따른 수익과 배당수익을 함께 추구하면서 안전하게 가고 싶은, 어떻게 보면 이도 저도 아닌 어중간한 포트폴리오지만 투자수익률도 목표 이상이었고 무엇보다 마음 편하게 투자하고 있다는 점에서 만족했다.

하지만 이후 등장한 코로나19가 나의 포트폴리오를 송두리째 바꿔버렸다.


## 코로나19로
## 보유 주식 전부를 매도하다

2020년 2월 마지막 주.

코로나19가 전 세계로 확산되면서 미국 증시도 눈에 띄게 하락하기 시작했다. 드디어 올 것이 왔구나 싶었다. 1년 동안 꾸준히 투자하면서 일궈온 포트폴리오를 리셋해야 할지도 모른다는 생각에 마음이 아팠지만, 주식 투자를 시작한 지 1년 만에 뜻밖의 하락장을 맞게 된 것이 장기 투자를 생각하는 나에겐 오히려 좋은 경험이 되리라고 위안했다. 중요한 것은 잃지 않는 것이었다. 나는 고수익보다 고위험에 더 민감한, 버는 것보다 지키는 것이 더 어렵다고 생각하는 보수적 투자자였다. 잃지 않아야 긍정적인 마인드를 유지하면서 앞으로도 주식 투자를 할 수 있을 것 같았다. 이제는 그동안 고려할 필요가 없었던 매도 원칙을 스스로 지키는 것이 중요했다.

## 1차 매도, 매뉴얼을 따르다

첫 번째 나스닥 일간지수 -3%가 발생했다.

-3%를 확인했을 때 보유 주식들은 아직 다행히 이익 구간이었다. 나는 보유하던 성장주와 배당주를 각각 50%씩 매도했다. 그런데 남겨놓은 성장주 50%가 계속 마음에 걸렸다. -3% 매뉴얼에 따르면 전량 매도해야 했지만, 나의 매도 원칙은 분할매도였고 애플과 마이크로소프트는 개인적으로 아끼는 종목이었기에 아쉬워서 남겨둔 터였다. 하지만 잠깐 고민하는 와중에도 계속 내려가는 주가를 보면서 어차피 앞으로 계속 투자할 종목이면 나중에 더 싸게 다시 사면 된다고, 지금은 잃지 않는 게 더 중요하다고 자신을 설득했다. 나는 결국 -3% 매뉴얼을 따라 남은 50%의 성장주도 매도했다.

이제 주식을 매도한 자금을 어떻게 할 것인지 결정해야 했다. 증시가 하락할 경우 보유 주식을 매도한 다음 어떻게 할 것인지 미리 대응 방안을 생각해두었던 터라 그대로 진행했다. 내가 생각한 방안은 그냥 예수금으로 둬서 돈을 놀게 하느니 안전자산으로 잠시 대피해서 주가 하락에 따른 반사이익을 노리는 것이었다. 나는 매도 자금으로 20년물 미국 채권, 금 ETF, 은 ETF를 각각 6:3:1 비율로 매수했다.

## 2차 매도, 고민과 갈등의 순간

두 번째 나스닥 일간지수 −3%가 발생했다.

정말 원치 않는 상황이 와버렸다. 매도 원칙에 따라 이제는 남은 주식을 모두 매도해야 했다. 막상 결단해야 할 시점이 오니 고민이 됐다.

'정말 다 팔아야 하나? 나중에 다시 오를 수도 있는데 그냥 놔두면 안 될까?'

욕심과 원칙 사이에서 내적 갈등이 시작됐다. 처음 주식 투자를 시작할 때 자신에게 다짐했던 목적을 떠올렸다. 마음 편한 투자를 하는 것. 나의 투자 성향에 기반해 스스로 세운 원칙에 충실해야 투자 결과에 대해 나 자신을 이해시킬 수 있을 것이다. 만약 원칙을 깨고 행동했다가 더 안 좋은 결과가 나오면 자책감 때문에 마음이 편하지 않을 것 같았다.

결국 남은 배당주 50%도 매도했다. 금과 은도 예상과 달리 가격이 하락하는 것을 보고 미국의 양적완화가 본격적으로 시작되기 전까지는 안전자산으로 보기에는 리스크가 있다고 판단해서 모두 매도했다. 나는 매도 자금으로 20년물 미국 채권을 전량 매수했고 갖고 있던 원화를 달러로 환전해서 투자자금을 추가로 확보했다. 언제가 될지는 몰라도 주식 시장에 다시 들어가기 위해서는 준비를 해두어야 했기 때문이다.

두 번의 −3% 발생으로 나의 포트폴리오에는 20년물 미국 채권만 남았다. 시장이 진정되는 국면으로 판단되거나, 지속적인 하락으로 나스닥 일간지수가 전 고점 대비 어느 정도 하락했다고 판단되면 기존 수량을 목표로 성장주와 배당주를 다시 분할매수하기로 했다. 이번 하락장을 이용해 내려간 가격에 추가매수하여 평균단가를 낮출 수도 있었지만, 바닥이 어디가 될지 정확히 예측할 수 없다는 점이 문제였다. 우선은 지금까지 실현한 수익을 지키면서 시장을 지켜보는 편이 낫다고 판단했다. 어차피 기회는 또 올 테니까 말이다.

## 원점으로 돌아가다

2020년 3월.

전 세계적으로 코로나19가 본격적으로 확산되면서 지구촌은 한마디로 패닉에 빠져들었다. 미국 증시 역시 바닥이 어디일지 가늠할 수 없는 답답한 장세가 계속됐다. 큰 폭의 등락을 거듭하면서 끝없는 하락 추세가 이어졌다. 작년과는 전혀 다른 시장 분위기였기에 나 역시 두려웠지만, 과감히 익절매한 것이 한편으론 다행이라는 생각이 들었다.

나스닥 일간지수가 전 고점 대비 −10%가 됐다. 나는 주식을 다시 매수하기로 했다. 보유하던 20년물 미국 채권 중 절반을 익절매하고 포트폴리오의 10% 비중만큼 애플과 마이크로소프트를 매수했다. 하지만 시장이 계속 하락하는 것을 보면서, 최초 평균단가보다 높은 가격으로 매수한 애플과 마이크로소프트를 계속 보유하는 것이 맞는지 고민스러웠다. 우선은 시가총액 1, 2위 종목이다 보니 주가가 시장의 흐름을 그대로 반영하고 있어서 높은 변동성을 보였기에 과연 내가 흔들리지 않을 수 있는지 자신이 없었다. 당분간은 변동성이 높은 장세가 지속될 것 같았다. 전량 매도하기 전의 평균단가까지 내려오거나 나스닥 일간지수가 전 고점 대비 −20%까지 내려가면 매수하는 것이 심리적으로 편할 것 같아 다시 분할 매도했다.

대신 시장보다 상대적으로 변동성이 낮으면서 코로나 이슈에 최대한 영향을 덜 받을 만한 배당주들을 낮은 가격에 매수할 기회라고 판단했다. 매도했던 배당주 가운데 기존 평균단가보다 주가가 더 내려간 종목 위주로 과거 최저점을 확인하면서 분할매수를 시작했다. 바닥이 어디가 될지 정확히 판단할 수는 없지만 우선은 잃지 않는 데 집중하면서 미래에 대한 긍정적인 관점을 유지하려고 노력했다.

나스닥 일간지수는 속절없이 하락을 계속했고 3월 중순이 되자 전 고점 대비 −20%까지 내려갔다. 배당주들을 기존 평균단가보다 낮은 가격대에 매수했지만, 내 판단을 비웃기라도 하듯 하락을 거듭했다. 내려가면 더 담으면서 비중을 늘릴지 이쯤에서 손절매하고 다시 들어갈 타이밍을 노릴지 고민했다. 앞으로 더 하락할 것 같다는 느낌이 들었다. 그간 벌어놓은 것도 있고 손실액이 크지 않아서 결국 다시 전부 분할매도했다. 남은 20년물 미국 채권도 전부 매도

했다. 미국이 양적완화를 위해 금리를 본격적으로 인하할 것이라는 예상을 시장이 이미 반영해서 그런지 가격 상승폭이 더디던 참이었다. 중간에 소폭 반등은 있었지만 미국 채권도 결국 가격이 내려가기 시작했다. 아직은 이익 구간이었기에 시장 상황을 지켜보면서 분할매도했다.

결국 코로나19는 나의 포트폴리오를 원점으로 만들었고, 내 손에는 달러 예수금만 남았다. 이런 극한의 변동성에 이 정도로 빠져나온 게 어디냐며 위안하다가도, 1년을 꾸준히 유지해오던 포트폴리오를 0으로 만든 것에 대한 자괴감이 들기도 했다. 하지만 버는 것보다는 지키는 것을 더 중요하게 생각하는 성향상, 계속 시장에 남아 주식을 추가매수하며 묵묵히 하락장을 견디기에는 정신적으로 꽤 힘들었을 것이다. 그런 나 자신을 잘 알기에 미련은 두지 않기로 했다.

모든 게 원점으로 돌아온 건 아니었다. 비록 초보자였지만 목표했던 수익률보다 높은 수익과 하락장의 귀중한 경험을 얻었기 때문이다.


## 나만의 비상 매뉴얼

앞으로는 좀더 보수적인 시각을 취할 필요가 있었다. 섣부른 투자로 인한 손실과 스스로에 대한 자책감에 시장을 떠나지 않기 위해서였다. 문득 이렇게 시장이 혼란스러운 시기가 주식의 옥석을 가릴 수 있는 좋은 시기라는 생각이 들었다. 이번 장에서 살아남는 기업들이라면 그만큼 앞으로도 안정적으로 성장할 수 있는 역량을 갖춘 기업이 아닐까 싶었다. 이번 기회를 통해 매수를 고려하고 있는 주식들의 움직임을 찬찬히 지켜보며 내 포트폴리오에 담을 주식들을 판단하는 것도 좋을 것 같았다.

바닥이 과연 어디일지, 이 변동성이 얼마나 지속될지 한 치 앞을 내다볼 수 없는 칠흑 같은 어둠 속에서 내가 할 수 있는 최선은 아주 조금씩 한 발 한 발 내딛는 것이었다. 두렵겠지만 공포에 휘둘리지 않고 평정심을 유지하면서 계속 이 어둠 속에 남아 빛이 들어올 그 순간을 인내심을 갖고 기다려야겠다고 다짐했다. 나는 나스닥 일간지수 -30% 지점을 새로운 투자 기준으로 삼고 보유 자금의 10%만 투자하기로 했다.


2020년 3월 말.

결국 -30% 지점까지 오고야 말았다. 이제 생각한 대로 투자를 재개해야 했다. 처음부터 다시 모아간다는 생각으로 성장주와 배당주 매수를 시작했다. 성장주는 보유 자금의 10% 정도를 투입해서 마이크로소프트와 애플을 각 종목의 전 고점 대비 -30% 수준에서 매수했다. 만약 또다시 나스닥 일간지수 -30% 지점이나 더 큰 하락이 온다면 그때 추가로 매수할 계획이었다.

이렇게 변동성이 심한 위기 상황에서는 대처할 수 있는 '비상'

매뉴얼이 필요하다는 생각이 들었다. 당시 투자에 참고하던 조던 김장섭 님의 칼럼을 바탕으로 나름의 매수 기준을 다음과 같이 정했다.

**<표 2-2> 위기 상황의 성장주 비상 매뉴얼**

(단위: 포인트, 달러)

| 구분 | 나스닥 | 애플<br>(AAPL) | 마이크로소프트<br>(MSFT) |
|---|---|---|---|
| 전 고점 | 9817.18 | 327.85 | 190.70 |
| -10% | 8835.46 | 295.07 | 171.63 |
| -20% | 7853.74 | 262.28 | 152.56 |
| -30% | 6872.03 | 229.50 | 133.49 |
| 매수 평균단가 | | 223.96 | 135.88 |

※ 음영 구간: 보유 자금 5% 추가 투입

■ 원칙

• 각 종목의 주가가 매수 평균단가 아래로 내려오거나 전 고점 대비 -30% 지점 도달 시

배당주도 마찬가지였다. 보유했던 종목 위주로 기존 평균단가보다 주가가 낮은 주식들을 분할매수했다. 이번에 처음으로 보잉(BA)을 매수했다. 그동안 비싸서 엄두가 나지 않았지만 코로나19로 인한 여행 수요 급감으로 주가가 많이 내려간 상태였고, 그동안 미국 다우지수를 이끌며 국가 기간산업으로 고용 창출력이 컸던 기업이기에 미국 정부가 망하게 내버려 두지는 않을 거라는 판단에서였다. 만약 코로나19 사태가 진정되어 경기가 회복 국면으로 접어들

면 주가 상승폭이 클 것이라는 기대도 있었다.

배당주 역시 매수 원칙이 필요하다는 생각에 다음과 같이 매수
기준을 세웠다. 예측이 어려운 장일수록 인내심과 흔들리지 않는
원칙이 있어야 안전한 투자를 할 수 있다고 믿었기 때문이다.

**<표 2-3> 위기 상황의 배당주 비상 매뉴얼**　　　　　　(단위: 달러, %)

| 구분 | 보잉<br>(BA) | 존슨앤드존슨<br>(JNJ) | 알트리아<br>(MO) | 리얼티인컴<br>(O) | AT&T<br>(T) | PFF |
|---|---|---|---|---|---|---|
| 기존 평균단가<br>(또는 전고점) | 398.66 | 133.87 | 44.70 | 71.45 | 35.73 | 37.18 |
| 매수 마지노선 | 215.12 | 124.01 | 38.08 | 62.11 | 32.00 | 33.81 |
| 하락 매수 지점 | 121.01 | 107.78 | 29.92 | 50.82 | 26.72 | 28.80 |
| 최저점 | 89.00 | 109.16 | 30.95 | 38.00 | 26.08 | 23.85 |
| 매수 평균단가 | 168.06 | 115.90 | 34.00 | 56.47 | 29.36 | 31.31 |
| 기존 평균단가<br>대비 등락률 | −57.84 | −13.43 | −23.94 | −20.97 | −17.83 | −15.79 |

■ **원칙**

　　· 상승장에서 추가매수하더라도 매수 마지노선은 넘지 않기(옅은 음영 구간)

　　· 하락 매수 지점에 도달하면 분할로 추가매수(진한 음영 구간)


매수 상·하단 기준점은 기존 평균단가(전 고점) 대비 현재 매수 평
균단가 지점을 산출한 후 이를 반으로 나눈 값을 밴드band로 지정했
다. 이렇게 하면 적어도 매수할 때 기존 평균단가보다는 낮은 평균
단가를 유지할 수 있으므로 심리적 안정에 도움이 될 것 같았다.

# 팬데믹 이후의 투자는 어떻게 할까?

끝이 보이지 않을 것처럼 하락을 거듭하던 미국 증시는 마침내 2020년 3월 말을 기점으로 바닥을 찍고 반등하기 시작했다. 도중에도 수많은 호재와 악재 속에 등락을 거듭했지만 미국 연방준비위원회의 전방위적인 유동성 지원에 힘입어 아직도 회복이 더딘 실물경제와는 달리 코로나19의 충격에서 조금씩 벗어나 회복하기 시작했다.

내가 투자에서 '비상' 매뉴얼 대신 평상시 매매 원칙으로 복귀해야겠다고 결심한 것은 나스닥 일간지수가 전 고점 대비 −10%까지 회복한 5월 중순경이었다. −30% 지점에서 10% 정도 주식을 매수한 이후 여전히 주가가 낮은 배당주는 추가매수에 부담이 없었지만, 가격을 빠르게 회복하는 성장주의 경우 추격 매수를 하기엔 시장이 회복되리라는 확신을 갖는 데 시간이 필요했다. 하지만 늘어난 평가이익이라는 심리적 쿠션을 확보한 만큼 투자를 재개하는 데따르는 부담은 덜했다.

## 포스트 코로나 시대의 투자 전략

본격적으로 주식을 매수하기 전에 나는 기존 투자 전략을 수정할 필요성을 느꼈다. 왜냐하면 코로나19가 사람들의 생활과 소비 패턴을 바꿔놓으면서 미국 증시의 판도 역시 바뀌었기 때문이다. 판이 바뀌는 만큼 기존과는 다른 투자 전략이 필요했다. 나는 포스트 코로나 시대의 투자 전략에 대한 나름의 생각을 정리했다.

### 온라인 유통 채널의 성장

코로나19의 전 세계적 확산으로 소비 측면에서는 기존의 오프라인 채널을 통한 소비가 줄고 온라인 채널을 통한 소비가 증가하고 있다. 온라인을 통한 소비의 편리함에 눈뜬 대중은 앞으로도 이런 소비행태를 지속할 가능성이 크다.

### 언택트에 강한 기업의 성장

코로나19 이후 미국 증시는 이른바 '언택트[untact]'에 강한 기업과 그렇지 않은 기업 간의 양극화를 선명하게 보여주었다. 'FAAMG'*으로 불리는 IT 기업들과 넷플릭스 같은 OTT** 기반의 기업들은 코로나 대유행 이후 주가가 빠르게 반등하면서 전고점 수준을 회복하거나 넘어선 반면, 여행·항공·레저 산업 관련 기업들은 전 세계적으로 수요가 위축되면서 여전히 고전을 면치 못하고 있다. 코로나19로 시장에서 가치가 검증된 주식들은 앞으로도 꾸준히 주가가 상승할 것으로 보인다.

　주목할 점은 사람들 간의 접촉이 약화될수록 '연결'에 대한 욕구는 더욱 강해진다는 것이다. 사람은 결코 혼자서 살아갈 수 없

* 'Facebook, Amazon, Apple, Microsoft, Google'의 앞글자를 딴 신조어
** 'Over the top'의 약자로 인터넷을 통해 볼 수 있는 TV 서비스를 의미한다.

고 어떤 방식으로든 다른 사람과 연결되어야 한다. 또한 사람이 살아가는 데 필수적인 재화와 서비스 역시 연결을 통해 어떻게든 수요와 공급이 일어나게 될 것이다. 결국 사람들 간의 연결을 담당하는 도구나 플랫폼을 가진 기업 그리고 연결에 의해 재화와 서비스를 소비자에게 공급할 수 있는 기업이 앞으로도 계속 살아남아 성장할 것이다. 한편 연결에서 도태된 산업은 구조조정과 인수합병을 통해 소수의 플레이어만이 살아남는 시장으로 재편될 것이다. 따라서 투자자 입장에서는 어떤 산업이든 투자할 이유와 기회는 여전히 존재한다.

### 유동성이 이끄는 미국 증시

미국 연방준비위원회가 가장 우려하는 것은 디플레이션*이기에 경기가 어느 정도 회복됐다는 판단이 들기 전까지는 현재의 양적완화와 제로금리 정책을 쉽게 변경하지 않을 것으로 보인다. 백신이 나오든지 사람들의 면역력이 높아지든지 코로나19로 인한 변수들이 어느 정도 통제 가능한 범위 안으로 들어온다면, 그동안 현금을 확보하면서 잔뜩 웅크리고 있던 경제주체들도 본격적으로 투자에 나서면서 자산 시장의 유동성은 더욱 풍부해질 것이다. 미국 대선이라는 정치적인 변수가 존재하지만, 늘어난 유동성이 시장으로 유입되면서 주가는 더욱 폭발적으로 상승할 가능

---

* 통화량의 축소로 물가가 하락하고 경제활동이 침체되는 현상

성이 크다.

　이렇게 정리하니 투자 전략을 어떻게 수정해야 할지 윤곽이 잡혔다. 우선 기존에 갖고 있던 위험자산과 안전자산의 개념을 바꿔보기로 했다. 코로나 시대의 안전자산은 언택트 트렌드에도 불구하고 시장점유율 및 이익의 증가세가 꾸준하거나 확실한 경제적 해자를 통해 이익을 안정적으로 창출할 수 있는 기업의 주식이다. 즉, 'FAAMG'처럼 코로나19에도 불구하고 주가가 꾸준히 상승하는 주식이다. 반면 위험자산은 코로나로 인한 수요 감소로 주가가 하락했지만 코로나 변수가 제거되면 그만큼 반등 가능성이 큰 기업의 주식이다. 예를 들면 에너지, 항공, 레저, 부동산 리츠 관련 주식들이다.

　나는 어떻게든 인류가 이 바이러스를 통제할 수 있을 것이라 보고 코로나19가 지속되더라도 안정적인 주가 흐름을 보여줄 주식을 안전자산으로 삼는 한편, 만약 코로나19가 통제 국면에 접어든다면 눌려 있던 주가의 상승이 예상되는 주식을 위험자산으로 보고 투자하기로 했다.

## 미국 주식 투자 1년 반의 성과

　이제 어떤 주식을 얼마의 비중으로 투자할지 결정해야 했다. 아직은 코로나19가 완전히 통제되지 않은 상황이고, 2차 대유행에 대한 우려도 남아 있었다. 나는 기존과 달리 주식을 안전자산과 위험자산으로 나눠 5:5의 비중으로 가져가되 기존의 20년물 미국 채권, 금 ETF, 은 ETF는 일단 투자 대상에서 제외했다. 이미 배당금의 맛을 본 터라 배당이 나오지 않는 금과 은에 선뜻 손이 가지 않기도 했다.

나는 선택한 투자 전략에 따라 매매 원칙을 지켜가면서 포트폴리오를 다시 만들어가기 시작했다. 중간에 EPR 프라퍼티스(EPR)와 P&G(PG)를 새로 편입했고, 테슬라(TSLA)와 버진갤럭틱(SPCE)도 추가했다.

테슬라는 경험을 통한 검증을 필요로 하는 나에게 적합하지 않은 주식이었지만, 최근 도로에 부쩍 눈에 띄는 테슬라 차량을 보면서 미래가치를 염두에 두고 투자를 결정했다. 다만 주가 변동성이 심한 편이라 전체 투자자금의 10% 비중을 넘지 않는 선에서 투자하고 있으며 만약을 대비해 보유 현금은 40% 수준을 유지하고 있다.

2020년 8월 중순 현재 나의 미국 주식 포트폴리오 현황은 〈그림 2-2〉와 같다.

미국 주식 투자를 시작한 지 1년 반 만에 운 좋게도 나는 상승장과 하락장을 모두 경험했다. 내가 정한 나름의 원칙에 따라 대응한 결과, 적어도 내 기준에서는 만족할 만한 성과를 거두었다. 앞으로도 다가올 시장의 변화에 대해 꾸준히 공부하고, 필요하다면 원칙을 조금씩 수정해가면서 내 마음이 편한 투자를 계속 이어나갈 생각이다.

미국 주식 투자가 국내에 활성화되면서 나름의 투자 철학과 방향

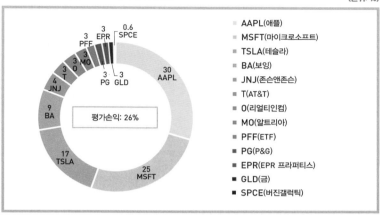

<그림 2-2> 미국 주식 포트폴리오 현황　(단위: %)

- AAPL(애플)
- MSFT(마이크로소프트)
- TSLA(테슬라)
- BA(보잉)
- JNJ(존슨앤존슨)
- T(AT&T)
- O(리얼티인컴)
- MO(알트리아)
- PFF(ETF)
- PG(P&G)
- EPR(EPR 프라퍼티스)
- GLD(금)
- SPCE(버진갤럭틱)

평가손익: 26%

성을 갖춘 투자자들이 많아졌다. 자신의 위험에 대한 성향, 현재 자산 수준, 투자를 통해 이루고자 하는 목표가 저마다 다를뿐더러 투자는 가치 판단의 영역이 아니기 때문에 어떤 방법이 옳거나 그르다고 단정할 순 없다. 투자의 성과는 숫자로 말할 뿐이며 내가 선택한 방법을 통해 얻은 그 숫자에 내가 만족하느냐, 아니냐가 투자의 성패에 대한 개인의 판단을 좌우할 뿐이다. 자신의 상황과 리스크 성향에 맞게 마음이 편한 투자를 한다면 그게 가장 성공한 투자이자 행복한 투자가 아닐까 생각한다.

# 나만의
# 투자 스타일을
# 만들다

## 분산투자를 업그레이드하다

분산투자, 어떤 상황이 와도 지키고자 하는 나의 투자 원칙이다. 분산투자는 이미 오래된 격언과 이론 그리고 실제 적용 사례를 통해 가치가 검증된 방법론이기도 하다.

- 계란을 한 바구니에 담지 마라.
- 자산을 세 부분으로 나누고 땅에 3분의 1, 사업에 3분의 1, 준비금에 3분의 1을 투자하라(탈무드).
- 마코위츠의 포트폴리오 이론
- 레이 달리오의 '올 웨더All Weather' 포트폴리오

부동산에 이어 미국 주식 역시 어떻게 분산투자를 할지 고민하고 실행하는 과정에서 분산투자에도 단계가 있다는 생각을 하게 됐다. 이에 분산투자에 대한 나만의 개념을 정립했다.

### 분산투자 1단계:
### 동일 자산 내 분산

부동산 투자에서는 크게 물건의 유형, 지역, 건축연수를 기준으로 분산투자를 할 수 있다. 예를 들면 다음과 같다.

- 유형: 아파트, 상가, 땅 등
- 지역: 서울, 수도권, 지방 등
- 건축연수: 신축, 구축, 재건축 · 재개발 등

금융자산 투자라면 종목의 산업 섹터나 자산의 특성을 기준으로 분산투자를 할 수 있다.

- 산업 섹터: 기술주, 소비재주, 금융주 등
- 자산 특성: 주식, 채권, 금 ETF 등

이 단계는 부동산이면 부동산, 주식이면 주식 한 가지 자산에 투자하는 경우에 해당하며 나의 부동산 포트폴리오도 이 사례에 속했다. 효과가 제한적이기는 하지만 분산투자를 함으로써 자산가치 하락에 영향을 주는 이벤트에 노출되는 자산의 범위를 줄일 수 있다. 부동산의 경우 관련 정책 변화에 따른 리스크를, 금융자산의 경우 자산가치의 변동성 리스크를 줄일 수 있다는 장점이 있다.

### 분산투자 2단계:
### 자산 유형의 분산

유형이 다른 자산으로 포트폴리오를 구성하는 것이다. 예를 들면 투자자금을 나눠서 부동산과 금융자산에 투자하는 경우로, 서울 아파트와 국내 주식에 함께 투자하고 있다면 2단계에 해당한다고 볼 수 있다.

이 단계는 투자를 통한 기대수익의 회수 기간(일반적으로 부동산은 장기, 금융자산은 단기)을 분산함으로써 투자자금 운용의 최적화를 도모할 수 있다는 장점이 있다. 다만 투자 대상 국가 및 통화가 같다는 측면에서 국가 경제 차원의 변수에 효과적으로 대응하는 데에는 한계가 있다.

### 분산투자 3단계:
### 자산 유형 및 국가/통화의 분산

앞선 2단계를 거쳐 투자 대상 국가 및 통화가 다른 자산으로 포트폴리오를 구성하는 것이다. 예를 들면 원화표기 부동산 또는 금융자산 포트폴리오에 외화표기 부동산 또는 금융자산을 추가하는 방식이다. 만약 서울 아파트와 국내 주식뿐 아니라 미국 주식에 투자하고 있다면 3단계에 해당한다고 볼 수 있다.

이 단계는 외국 통화를 보유한다는 측면에서 국가 경제 차원의 변수에 대한 리스크 노출을 줄일 수 있다. 또한 달러화 자산에 투자하는 경우, 미국 자산 시장이 한국 자산 시장의 선행지표 역할을 한다는 점에서 원화 자산의 향후 운용 포지션을 선제적으로 판단할 수 있다는 장점이 있다.

끝으로 나는 한 가지 가설을 세웠고, 향후 투자 결과를 통해 실제 검증해보기로 했다.

> 분산투자에서 단계적 고도화란 최종적으로 부동산, 금융자산 그리고 국가/통화라는 세 가지 축을 기준으로 매트릭스matrix화된 포트폴리오를 구축하는 것을 의미하며, 단계적으로 고도화된 포트폴리오일수록 복합적인 리스크 관리에 효과적이다.

부동산으로 시작해서 미국 주식까지 투자의 영역을 넓히면서 내 분산투자의 단계도 업그레이드된 셈이다. 분산투자에 대한 나름의 생각을 정리하는 과정을 통해 나만의 투자 세계는 더욱 단단해졌고, 곧 만나게 될 낯선 투자 대상도 두려움 없이 마주할 수 있게 됐다.


## 내 자산의 가치를 지키는 투자법

미국 주식 투자를 본격적으로 시작하면서 풀고 싶은 숙제가 하나 있었다. 전 세계적인 유동성 장세 속에서 내가 보유한 자산의 가치를 늘리고, 적어도 이를 지키는 방법을 찾는 것이었다.

내가 생각하는 보유 자산의 증가는 단순히 자산의 표시 가격이 상승하는 것이 아니라 자산의 구매력purchasing power이 증가하는 것이었다. 자산의 구매력이란 쉽게 정의하면 보유 자산을 현금화했을 때 이를 가지고 살 수 있는 재화와 서비스의 수량을 의미한다. 내가 아무리 자산이 많아도 그 자산을 돈으로 바꿔서 살 수 있는 재화와 서비스의 양이 예전보다 줄어든다면 또는 자산이 증가해도 늘어난 액수만큼 비례해서 내가 살 수 있는 재화와 서비스의 양이 늘어나지 않는다면, 과연 이를 자산이 많다고 또는 늘어났다고 볼 수 있을까? 이 질문이 문제의식의 출발점이었다.

나는 기축통화 자산에 주목했고, 미국 주식이라는 달러화 자산에 투자하면서 내 선택의 근거를 직접 찾고 싶었다. 속절없이 빠르게 스쳐 지나가는 자산 시장의 흐름과 국내외 경제 동향을 지켜보면서 투자를 통해 쌓은 지식과 경험을 내 생각과 엮어가기 시작했다. 그 과정에서 왜 기축통화 자산에 투자해야 하는지에 대한 나름의 확신을 갖게 됐다.

지금부터 소개하는 내용은 그 과정의 결과물이다.

## 보이지 않는 적, 인플레이션

보통 시중의 유동성이 증가하면 화폐 가치가 하락하면서 물가가 상승하는데 이 현상을 인플레이션inflation이라고 한다. 인플레이션에는 두 가지 유형이 있다.

**〈그림 2-3〉 인플레이션의 두 가지 유형**

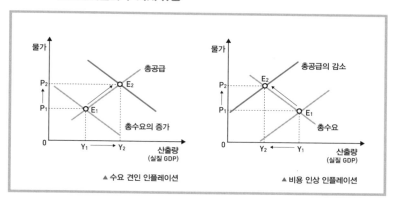

### 수요 측면: 수요 견인 인플레이션

수요 견인 인플레이션은 많이 알려진 내용이라, 인플레이션 하면 사람들이 보통 떠올리는 유형이다. 총수요가 증가하여 국민소득이 증가하고 물가도 상승하는 현상으로, 현재 우리나라 정부가 추진하는 방향이 바로 이것이다. 코로나19로 인한 경기침체, 더 나아가 디플레이션을 선제적인 총수요 증가를 통해 막고자 하는 것이다. 총수요는 '소비 + 투자 + 정부지출 + 순수출'로 구성된다. 현재 정부가 쓸 수 있는 가장 쉬운 카드는 정부지출이기에 재정 정책과 금리 인하를 통해 시중에 유동성을 공급하고 있다. 그런데 한 가지 흥미로운 점은 정부가 이렇게 돈을 푸는데도 정작 실제 물가 상승은 미미하다는 것이다. 이는 아직 정부가 의도하는 인플레이션 현상은 나타나고 있지 않다고 해석할 수 있다.

〈그림 2-3〉을 활용해 원인을 추론해보면 다음과 같다.

우선 정부가 푼 유동성이 실물경제로 흘러가서 순환되지 않고 경제주체들이 이를 현금으로 보유하거나 부동산, 주식 같은 자산 시장에 투입하면서 총수요 진작 효과가 반감된 것으로 보인다. 즉, 수요곡선이 오른쪽으로 이동하는 정도가 정부 예상만큼 크지 않다는 뜻이다. 또한 공급 측면에서 유가 하락으로 인해 기업의 생산 비용이 낮아지면서 수요 대비 공급 과잉이 발생하는 것도 한몫 거들고 있다.

어쨌든 지금은 수요 측면에서 정부가 돈을 풀고 있으니 현 상황에서 보유 자산의 구매력을 늘리는 방법은 앞으로 돈이 쏠릴 자산을 적극적으로 확보함으로써 불어난 돈을 가능한 한 많이 내 수중으로 가져가는 것이다.

### 공급 측면: 비용 인상 인플레이션

주목할 것은 바로 공급 측면의 인플레이션이다. 총공급 감소로 국민소득은 감소하지만 물가는 상승하는 현상으로, 흔히 스태그플레이션stagflation이라고 불린다. 과거 1970년대 초반과 후반, 두 차례에 걸쳐 일어난 오일쇼크가 대표적 사례다.

총공급이 감소하는 원인은 생산 비용의 증가에 있다. 생산 비용의 증가가 기업들의 공급 가격을 상승시켜 공급량이 줄어들기 때문이다. 비용 인상 인플레이션의 경우 오일쇼크 같은 특별한 사건 외에는 수입물가의 꾸준한 상승과 함께 오랜 시간에 걸쳐 천천히 일어나기 때문에 사람들이 쉽게 인지하지 못한다. 조용히 숨어서 우리가 가진 자산의 구매력을 야금야금 갉아먹는 인플레이션인 셈이다. 그리고 그 이면에는 이것을 가능하게 만드는 또 하나의 보이지 않는 적, 환율이 숨어 있다.

### 또 다른 적, 환율의 역습

환율을 이해하기 위해서는 우선 구매력 평가설Theory of Purchasing Power Parity이 무엇인지 알아야 한다. 구매력 평가설이란 국가 간 통화의 교환 비율(환율)에 각국 통화의 상대적 구매력이 반영되어 있다는 이론이다. 이 내용을 쉽게 설명할 수 있는 개념이 바로 우리가 자주 사 먹는 스타벅스 카페라테의 가격지수, 일명 '라테지수'다. 즉, 스타벅스 카페라테 한 잔의 가격으로 전 세계 각국의 물가 수준과 통화의 상대 가치를 평가할 수 있다는 뜻이다.

라테지수는 스타벅스의 카페라테 톨 사이즈$^{Tall size}$ 가격을 기준으로 실제 환율과 적정 환율의 관계를 알아보는 구매력 평가 환율지수다. 모든 재화의 값은 같다는 전제 아래 국가 간 재화의 가격 차이에 의해 환율이 결정된다는 구매력 평가설에 토대를 두고 있다. 이 지수는 커피 전문 브랜드인 스타벅스가 글로벌 브랜드로 성장하면서 과거에 평가 기준으로 사용되던 맥도날드의 빅맥$^{Big Mac}$ 가격을 대체하는 새로운 수단으로 떠올랐다. 스타벅스 본사는 각국 물가 추이와 소비자 구매력을 반영해 2~3년에 한 번씩 가격을 조정할 때 내부적으로 라테지수를 산정해서 참고하는 것으로 알려져 있다.

2017년 말 기준으로 세계 주요 국가의 라테지수를 산출한 자료를 보면 당시 서울의 스타벅스 카페라테 한 잔의 가격(3.76달러)은 뉴욕(3.45달러)보다 약간 비싼 편이었다. 만약 전 세계 마진율이 동일하다고 가정하면, 이 차이는 라테 한 잔을 만드는 데 들어가는 비용이 뉴욕보다 서울이 좀더 높다는 의미다. 이는 생산 비용의 증가로 인한 공급 가격 상승, 즉 비용 인상 인플레이션 효과라고 볼 수 있다. 2017년 당시 원/달러 환율이 약 1,080원/달러 수준이었으니 원화로 환산한 가격은 약 4,060원이다. 참고로 현재 라테 한 잔의 가격은 4,600원이니 마진율을 쉽게 짐작할 수 있다.

한 가지 흥미로운 사실은 스타벅스는 2014년에 이미 가격을 4,600원으로 올리고 현재까지 동결 중이라는 점이다. 처음 가격을 정할 때 앞으로 예상되는 인상분을 선반영한 후 마진율이 일정 수준 이하로 하락하기 전까지는 가격을 유지하는 전략을 쓰는 게 아닐까 싶다. 다만 생산 비용의 변동이 없다는 전제하에 현재 환율이 지속되거나 더 오른다면 원화로 환산했을 때의 생산 비용이 판매 가격에 가까워지므로 현재 라테의 가격을 유지하는 것도 쉽지 않아 보인다.

여기서 얻을 수 있는 합리적 추론은 스타벅스 카페라테의 가격은 생산 비용과 환율이 상승하는 한 우리가 눈에 띄는 상승을 체감하지 못하는 중에도 꾸준히 오를 것이고, 보유 자산의 구매력에 대한 비용 인상 인플레이션과 환율이라는 보이지 않는 적들의 공격은 앞으로도 계속되리라는 것이다.

유별나게 스타벅스를 사랑하는 아내와 라테의 가격을 두고 이런 대화를 나눈 적이 있었다.

"10년 뒤 스타벅스 카페라테 한 잔의 가격은 얼마 정도 할까?"

"글쎄…. 정확히는 몰라도 지금보다는 비싸지 않을까?"

"왜?"

"물가가 오르니까!"

아내는 너무나 당연한 걸 왜 묻느냐는 표정이었다. 어쩌면 우리는 이미 라테의 가격이 계속 오르리라는 사실을 자연스럽게 받아들이고 있는지도 모른다.

## 기축통화 자산에 투자하는 이유

현재 순자산 10억 원을 보유한 사람이 있다고 하자. 2020년 6월 1일 환율 1,230원/달러 기준, 달러 가치로 환산하면 약 81만 3,000 달러다. 열심히 투자해서 자산 가격이 상승한 결과, 2년 뒤 보유 자산이 15억 원으로 늘어났다.

늘어난 액수만큼 자산의 구매력도 50% 늘어나야 정상인데, 환율이 예전보다 상승해서 1,300원/달러라면 어떨까? 보유 자산의 달러 가치는 115만 3,000달러로, 증가율이 42% 정도에 그친다. 원화가치가 하락한 탓에 구매력 상승분의 8%가 사라진 셈이다.

그렇다면 앞으로 환율은 어떻게 될까?

1997년에 800원 하던 원/달러 환율은 2020년 현재 1,200원이 됐다. 그간 두 번의 큰 위기를 겪긴 했지만 꾸준히 성장해온 우리나라 경제를 고려할 때 50% 상승은 꽤 놀라운 수치다. 미국 달러가 국제 결제통화로 사용되는 현재의 글로벌 금융 시스템이 지속되는 한, 다음과 같은 이유로 원/달러 환율은 장기적으로 계속 상승할 것으로 생각한다.

첫 번째, 제조업을 기반으로 한 수출 위주의 현재 경제 구조를 뒤집을 만한 새로운 동력이 보이지 않는다는 점이다. 앞으로도 계속 수출을 해서 먹고살아야 하는데 생산 비용 절감 측면에서 혁신이 일어나지 않는다면, 우리나라는 지속적으로 달러 대비 원화의 가치를 낮출 수밖에 없다. 환율 당국은 환율의 급격한 상승을 방어하는

&lt;그림 2-4&gt; 1981년 4월부터 현재까지의 원/달러 환율 추세

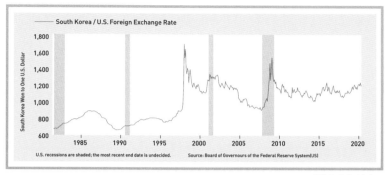

South Korea / U.S. Foreign Exchange Rate

U.S. recessions are shaded; the most recent end date is undecided.    Source: Board of Governours of the Federal Reserve System(US)

출처: fred.stlouisfed.org

데 신경을 쓸 뿐, 원화의 대외 가치를 높이려고 노력할 리 만무하기 때문이다. 앞으로도 정부는 환율 밴드의 점진적인 상승을 용인하면서 경제주체들이 이에 자연스럽게 적응하도록 유도하는 방향으로 환율을 관리할 것으로 본다.

두 번째, 저출산 고령화 트렌드, 성장보다는 분배 위주의 정책으로 정부지출이 꾸준히 증가할 것으로 예상된다는 점이다. 사회적 취약계층 지원과 노령 인구 연금지급을 위한 재원 조달 목적으로 국채를 꾸준히 발행하면 국가 부채비율이 상승하게 된다. 이 추세가 지속되면 국가의 신용등급 하락 리스크가 높아지며, 결과적으로 환율도 상승하게 된다.

세 번째, 대외무역의 중국 의존도가 상대적으로 높다는 점이다. 달러도 필요하고 수출 시장도 필요한 우리나라 입장에서 가장 곤혹스러운 상황이 최근 미국과 중국의 패권 경쟁이다. 미국의 공격에

대응하기 위해 중국이 취하는 경제 조치들과 미국과 중국 중 어느 편에 설 것인지 압박하는 국제정세는 중국 의존도가 높은 우리나라 경제에 큰 부담이 되고 있다. 특히 이 점은 단기적 측면에서도 환율 변동성을 높이는 리스크로 작용한다. 최근 환율 움직임을 보면 이미 원화는 중국 위안화와 한배를 탄 것처럼 보인다. 이는 미국과 중

**<그림 2-5> 달러당 위안화 환율 추이**  (2019년 하반기~2020년 상반기)

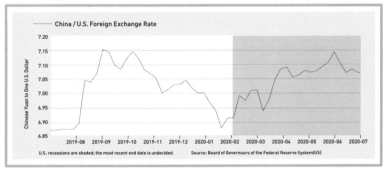

출처: fred.stlouisfed.org

**<그림 2-6> 원/달러 환율 추이**  (2019년 하반기~2020년 상반기)

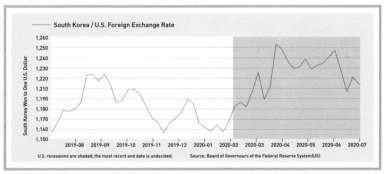

출처: fred.stlouisfed.org

부의 속도

국 간의 경제전쟁으로 인해 중국 위안화 가치 변동성이 높아지면, 원화 가치도 그 영향을 고스란히 받는다는 뜻이다.

보유 자산의 가치를 지키는 방법은 간단하다. 자산의 구매력을 갉아먹는 두 가지 인플레이션(수요 견인, 비용 인상)과 환율의 공격을 잘 막아내면 된다. 비용 인상 인플레이션에 대처하는 가장 확실한 방법은 비싸면 안 사는 것인데, 이 방법은 현실적으로 선택하기 쉽지 않다. 하지만 나머지 적들에 대한 방어는 어떻게 대응하느냐에 달려 있다. 내가 생각한 방법은 두 가지다.

첫째, 꾸준히 가치가 상승할 자산에 투자한다. 부동산이든 샤넬백이든 금이든, 앞으로 희소성을 바탕으로 수요가 증가하면서 불어난 돈을 마구 빨아들일 자산을 찾아 투자하는 것이다. 이것은 원화에 국한했을 때 보유 자산의 구매력을 지킬 수 있는 가장 기본적인 방법이다.

둘째, 기축통화 자산에 대한 투자를 병행한다. 지속적인 원화 가치 하락에 따른 보유 자산의 구매력 상실분을 보전하는 방법은 현재 원화보다 상대적 가치가 높은 기축통화 자산에 투자하는 것이다. 환율이 가져다주는 '비과세 tax-free' 가치 상승분을 통해 좀더 확실하게 보유 자산의 구매력을 지킬 수 있다. 핵심은 보유 자산의 대외 가치를 유지하는 것이다.

현재 전 세계 기축통화의 왕은 미국 달러다. 화폐 공급은 국가가 마음대로 할 수 있으니 논외로 하고, 단순하게 전 세계적으로 원화 수요가 많은지 아니면 달러화 수요가 많은지를 생각해보면 결론은 명확하다. 현재 미국 연방준비위원회가 달러를 마구 풀어도 원/달러 환율이 크게 하락하지 않는 이유이기도 하다. 이제는 달러 역시 리스크 헤지가 아니라 적극적인 투자 관점에서 접근해야 할 때가 아닐까? 과거에 화폐로 통용되며 가치 저장 수단의 역할을 했던 금이나 은 같은 자산에 투자한다면 종이paper보다는 실물에, 환헤지보다는 환노출 상품에 투자할 때 장기적으로 더 높은 수익을 기대할 수 있다고 생각한다. 화폐의 미래는 어떻게 전개될지 모르지만, 만약 달러가 국제사회의 신용을 잃고 현재의 지위를 상실하는 시기가 오면 달러를 대체할 새로운 기축통화로 보유 자산을 옮기면 된다.

끝으로 기축통화 자산에 투자해야 할 이유를 정리하면서 이를 뒷받침해줄 실제 사례는 없는지 찾아봤다. 내가 찾아낸 것은 베네수엘라의 사례였다. 인플레이션으로 자산 가격이 폭등했지만 자국의 통화 가치 폭락으로 정작 자산의 구매력은 지키지 못한 대표적인 예로 언급된다.

국가별 생활비 수준 등의 정보를 비교해 보여주는 사이트 넘베오Numbeo에 따르면, 2018년 초 세계 도시 가운데 PIR •이 가장 높은 곳은 베네수엘라의 수도 카라카스로 200.48이었다. PIR 200.48의 의미는 집 1채를 사려면 한 사람이 200.48년 동안 돈을 벌어서 한 푼도 쓰지 않고 모아야 한다는 뜻이다. 즉, 웬만한 부자가 아닌 이상

---

• 'Price to Income Ratio'의 약자로, '소득대비주택가격비율'이라는 의미다.

집을 사는 것은 사실상 불가능에 가깝다는 얘기다. 베네수엘라의 1인당 국민소득이 월 3만 5,000원 남짓인데 카라카스의 평당 아파트값은 507만 원이라는 점을 고려하면 주택 가격 수준이 가히 상상을 초월함을 쉽게 짐작할 수 있다.

문제는 원유에 의존하는 경제 구조와 무상복지 정책의 남발로 국가 경제 및 재정 상황이 악화되면서 수년에 걸친 극심한 인플레이션과 자국 통화 가치 폭락에 국민들이 신음하고 있다는 점이다. 암시장 환율 통계를 제공하는 사이트 달러투데이dolartoday에 따르면, 베네수엘라 볼리바르화의 가치는 2017년 2월 1달러당 4,329볼리바르에서 2018년 2월 1달러당 225,586볼리바르로 불과 1년 사이에 50배 폭락했다. 경제 성장률은 마이너스 상태를 벗어나지 못하고 있으며, 2018년 말까지 물가 상승률이 1만 3,000%까지 폭등할 것으로 국제통화기금IMF이 추산할 만큼 초인플레이션 상황이 지속되면서 국민들은 살인적인 물가와 생필품 부족으로 고통받고 있다.

내가 보유한 자산의 가치를 늘리고, 적어도 이를 지키는 방법으로 나름의 고찰을 통해 얻은 결론은 바로 기축통화 자산에 투자하는 것이다. 투자 이유에 대한 나만의 확신이 있는 만큼, 앞으로도 나는 꾸준히 미국 주식에 투자할 생각이다.

부동산 투자를 국내에서만 할 필요는 없었다.
부동산 투자에서는 포르투갈이 우리나라보다 훨씬 나은 조건이었다.
정부는 경기를 부양하고 외국인 자본을 유치하기 위해
부동산 시장에 우호적인 정책을 펼쳤으며,
세금 제도 역시 같은 취지로 운영되고 있었다.

# Financial

# 3장

# 해외 부동산 투자 어렵지 않다

Freedom

해외 부동산 투자
어렵지 않다
—

# 노는 물을 바꾸다

## 포기 대신 노는 물을 바꾸기로 하다

"뭐? 6억이면 포르투갈 이민을 갈 수 있다고?"

2018년 가을.

투자이민에 관심을 갖게 된 건 우연한 기회를 통해서였다. 회사의 하계휴가 직후라 휴가 때 이야기가 한창이던 점심시간이었다. 팀 후배가 포르투갈 여행을 다녀온 동기 이야기를 해줬는데, 당시 여행 가이드가 "6억 원이면 여기 와서 살 수 있어요"라고 말했다는 것이다.

처음 그 말을 들었을 때의 느낌은 생소함이었다. 이민이라는 단어도 낯선데 포르투갈이라니. 포르투갈과 관련해 내가 아는 거라곤

축구 신동 호날두, 포르투갈 출신으로 우리나라 국가대표팀 축구감독으로 있는 파울루 벤투가 전부였다. 스페인 옆에 붙어 있는 축구 좀 하는 작은 나라, 과거 재정위기를 겪으며 IMF 구제금융을 받을 만큼 그리 잘 사는 것 같진 않은 나라 정도가 포르투갈에 대한 나의 인식 수준이었다. 그런데 그런 나라로 이민을 간다고? 이민 하면 영미권 국가인 미국, 캐나다, 호주, 뉴질랜드가 전통적인 4대 천왕 아닌가. 그런 곳 놔두고 누가 포르투갈에 이민을 갈까 싶었다. 그래서 아무렇지 않게 듣고 넘겼다. 후배도 듣고 재미있으라고 한 이야기였을 것이다.

그런데 너무나 뜬금없어서였을까. 후배가 한 이야기가 잊히지 않고 계속 뇌리에 남았다. 정말 그 말이 맞는지 궁금해서 인터넷 검색을 해봤다. 가이드의 말대로 포르투갈은 50만 유로(약 6억 5,000만 원)면 현지 부동산을 구매해 투자이민을 갈 수 있었다. 이어지는 호기심에 좀더 파보니 포르투갈 외에도 스페인, 그리스, 사이프러스, 몰타 등 생각보다 많은 유럽 국가가 비슷한 형태의 투자이민제도를 운영하고 있었다. 이런 제도가 외국인의 직접 투자를 유도하면서 그 나라들이 재정위기에서 벗어나 경제를 회복하는 데 효자 노릇을 톡톡히 하고 있다는 것도 알게 됐다.

더 알아보고 나니 처음 들었을 때의 생소함 대신 '신박'하다는 느낌이 들었다. 이민을 떠올리면 내가 시도하기엔 갖춰야 할 것들이 많고 조건도 까다로울 것 같아 막연히 불가능할 거라고만 생각했었다. 그런데 투자이민은 6억 5,000만 원만 있으면 별다른 조건 없이 가능하다니, 지금 내가 가진 자산이면 충분히 실행하고도 남았다. 갑자기 없던 자신감이 마구 생겼다. 하지만 거기서 끝이었다. '포르투갈 6억 이민'이라는 정보의 역할은 내가 지금까지 노력해서 쌓아온 자산가치를 새롭게 인식하게 한 것, 그럼으로써 뿌듯함과 자신감을 느끼게 한 것, 딱 거기까지였다.

'에이, 아무리 그래도 이민이 그리 쉽나. 그 먼 데를 어떻게 가. 포르투갈어? 말을 말자.'

현실에 대한 불만족에 그동안 이런저런 고민을 해왔지만, 여전히 이민은 나에게 먼 이야기였고 말도 안 되는 선택이었다. 그렇게 포르투갈과 이민은 내 머릿속 한편을 잠깐 스쳐 지나가는 듯했다.

퇴근 후 저녁을 먹으면서 아내에게 회사에서 들은 포르투갈 이민에 대한 정보를 반찬 삼아 이야기했다. 그런데 아내의 반응이 의외였다.

"그런데, 포르투갈이라도 갈 수 있는 게 어디야. 안 그래?"

아내는 포르투갈 이민에 대한 선입견이 전혀 없었고 바라보는 관점도 나와 달랐다. 아내의 말을 듣고 생각해보니 정말 그랬다. 포르투갈 이민은 단순히 나에게 주는 심리적 위안거리가 아니라 실제로 우리가 선택할 수 있는 옵션이었다. 아내의 그 한마디가 이민에 대한 나의 관점을 바꾸게 했다.

이민을 가지 않을 이유는 많았다. 애초에 말도 안 된다고 생각했으니 오죽하겠는가. 아무리 현실이 불만족스러워도 여전히 우리나라에 살고 있다는 게 이유라면 이유였다. '나를 낳아주고 지금껏 키

위준 조국' 같은 고리타분한 명분을 들이댈 필요도 없었다. 이곳이 바로 내가 존재하는 기반이니까. 한 가족의 가장으로, 부모님의 자랑스러운 아들로, 경제활동을 통해 국가 경제에 이바지하는 국민의 한 사람으로 현재의 내가 나다운 역할을 할 수 있게 해주는 터전이 바로 여기였다. 그간의 아름다운 추억들이 곳곳에 묻어 있는 곳이기도 했다. 태어나서 지금까지 이곳에서 살아온 내 인생은 내가 할 수 있는 최선의 선택을 통해 이루어낸 노력의 결과였기에 나 자신도 만족했다. 타임머신이 있어서 과거로 돌아갈 수 있다고 해도 자신 있게 거부할 수 있을 만큼 과거에 대한 미련은 없었다.

그런데 이민을 간다는 건 그동안 충분히 눈부셨던 내 인생을 송두리째 갈아엎고 리셋하는 것을 의미했다. 떠나는 건 둘째치고 낯선 곳에 대한 두려움과 막막함도 컸다. 어학연수나 해외 인턴십으로 외국에 체류한 적은 있지만, 가서 삶을 영위하는 건 다른 차원의 문제였다. 그간 열심히 노력해서 쌓은 것들이 주는 달콤한 혜택을 포기하고 제로베이스에서 모든 걸 새로 쌓아나가야 했다. 현재의 익숙함을 버리고 낯섦을 추구하는 것 자체가 분명 엄청난 도박이었다.

이민을 가지 않을 수많은 이유가 있다 해도 나에겐 그것들과 대등하게 맞설 수 있는, 이민을 쉽게 내려놓을 수 없는 이유 또한 있었다. 바로 우리 아이의 교육과 미래였다. 다른 건 몰라도 자녀 교육에 관한 건 아무리 고민해도 내가 꿈꾸는 이상과 현실 간의 괴리가 좁혀지지 않아 답답한 상황이었다. 외국이라고 우리나라보다 나을까 하는 생각보다 우선 여기는 마음에 안 드니 벗어나자는 생각이 훨씬 컸기에, 이민이라는 카드를 쉽게 내려놓지 못했다. 나야 이 나라에서 힘든 시절 다 겪으면서 40년 가까이 살았으니 여기서 남은 인생을 보내도 아쉬울 것 없었지만, 앞으로 눈에 훤히 보이는 가시밭길을 걸어가야 할 아이를 생각하면 쉽게 포기할 수가 없었다. 그렇게 이민을 알고 나서부터는 아이의 미래를 위해 인생의 방향을 어떻게 잡아야 할지에 대한 고민이 더욱 깊어졌다.

2019년 3월.

어느 날, 퇴근 후 집에서 아내와 술을 한잔했다. 마침 보던 TV 프로그램에 미국 여행 내용이 나왔다. 나는 아내에게 20대에 보낸 미국 어학연수 시절의 추억을 신나게 꺼내놓았다. 이에 질세라 아내도 대학 시절 유럽을 돌며 공연하러 다녔던 추억으로 맞불을 놓았다. 우리는 외국에서 생활하던 그때를 추억하며 그리워했고, 그 시절이 인생에서 가장 행복한 때였다고 느꼈다. 그렇게 찬란했던 20대 시절의 이야기는 자연스럽게 결혼 전에 갖고 있었던 각자의 꿈에 대한 이야기로 흘러갔다.

나도 해외에서 살기를 꿈꿨고, 아내도 마찬가지였다. 외국 생활에 대한 두려움보다는 다시 한번 나가서 살고 싶다는 갈망이 있었다. 이제는 그 꿈에 행복했던 그 시절로 돌아가고 싶다는 갈망까지 더해졌다. 더군다나 아이를 생각해서도 우리는 해외로 나가서 교육 시키고 싶다는 꿈을 공유하고 있었다. 대한민국의 치열한 경쟁 시스템에서 벗어나 우리 아이가 영어에 대한 스트레스 없이 마음껏 뛰어놀며 자신이 좋아하고 잘하는 것을 찾아가는 모습을 보고 싶었다. 내가 어릴 적 경험했던 세상보다 더 넓은 세상을 아이에게 선물해주고 싶었다. 이 나라에서 최고로 치는 서울대에 들어갔음에도 내가 느꼈던 불만족을 아이에게는 물려주고 싶지 않았다.

문득 깨달았다. 해외로 나가는 건 사실 우리 부부도 원하고 있었다는 것을. 굳이 아이 교육을 명분으로 삼지 않아도 충분하다는 것을. 게다가 우리는 이민을 당당히 선택할 수 있는 경제적인 능력도 갖추고 있었다. 우리는 바로 의기투합했다. 이민을 안 갈 수많은 이유가 모두 핑계가 되는 순간이었다.

## 포르투갈의 매력을 알다

우리는 포르투갈 이민에 대해 처음부터 다시 찬찬히 뜯어보기로 했다. 정확하고 구체적인 정보를 얻기 위해 포르투갈 이민국SEF 사이트를 뒤졌고, 포르투갈 이민 수속 경험이 많은 이주 업체를 수소문했다. 아내는 거주 환경 측면에서 포르투갈에 대한 정보를 모았고, 부동산 투자 옵션을 통한 이민을 염두에 뒀던 나는 투자 매력도와 이민제도 측면의 포르투갈을 공부해나갔다. 그렇게 서로 수집한 정보를 공유하고 토론하면서 우리는 포르투갈을 조금씩 알아갔다.

포르투갈은 생각했던 것보다 '꽤 살기 괜찮은' 나라였다. 지리적으로 유럽의 서쪽 끝, 대서양에 접한 나라. 바다를 건너면 아메리카 대륙이 있고 바로 밑에는 아프리카 대륙이 있는 나라. 해양성 기후로 연중 온화한 날씨를 보이며, 여름과 겨울의 기온 차가 한국에 비해 작은 나라. 인구는 우리나라의 5분의 1 수준인 1,000만 명으로 인구 노령화를 막기 위해 젊은 층의 유입을 독려하는 나라. 포르투갈어를 쓰지만 다른 유럽 국가에 비해 영어가 잘 통하는 나라. 대통령과 총리가 권한을 나눠 협치하는 민주공화국으로 정치적으로 안정되어 있으며, 종교 및 인종 갈등이 없는 평화로운 나라. 보건의료 관련 시스템과 사회보장제도가 잘 갖춰져 있는 나라. 우리가 직접 알아본 포르투갈은 그런 나라였다.

포르투갈은 지속적으로 사람들을 끌어들이는 매력이 있었다. 저렴한 물가와 빈티지한 도시 분위기, 아름다운 자연 풍광으로 수많은 관광객과 은퇴 이민자들이 꾸준히 유입되는 나라였다. 프랑스인들은 상대적으로 저렴한 물가 때문에, 독일인들은 사람들의 따뜻한 정이 그리워서, 영국인들은 맑은 하늘과 따뜻한 기후를 찾아 포르투갈을 온다는 우스갯소리가 있을 만큼 포르투갈은 유럽인들이 많이 찾는 나라였다. 게다가 자국의 정치 불안으로 브라질을 비롯해 아프리카, 최근에는 홍콩에서까지 투자이민제도를 이용한 자산가들의 이주가 급증하고 있었다. 포르투갈은 이제 우리나라에도 '핫한' 관광지였다. 각종 TV 프로그램과 광고를 통해 국내 시청자들에게 소개되면서 요즘엔 우리나라 20대 여성들의 인스타그램 관광지로 떠오르고 있었다.

이렇게 은퇴 이민자와 해외 관광객이 지속적으로 유입되면서 최근 10년간 포르투갈 주요 도시의 부동산 가격과 임대료가 꾸준히 상승하고 있었다. 나는 투자와 사업 기회 측면에서 사람들을 끊임 없이 끌어들이는 포르투갈의 매력에 주목했다.

포르투갈 투자이민의 핵심은 바로 골든비자<sup>Golden Visa</sup> 취득이다. 골든비자는 일종의 단기 거주증으로 투자 조건을 충족해 비자를 취득하면 포르투갈에서 거주하며 학업, 취업, 사업을 할 수 있다. 비자 취득 후 총 2회 갱신을 통해 5년 동안 유지하면, 일정 레벨의 포르투갈어 시험 통과를 전제로 영주권이나 유럽 시민권을 취득할 수 있다.

나는 투자이민 프로그램 측면에서 주식이나 채권 같은 금융상품보다 실제로 눈에 보이는 부동산에 직접 투자할 수 있다는 점에 주목했다. 특히 개수·용도·지역에 제한 없이 투자할 수 있고, 구매 즉시 임대를 통해 수익을 창출할 수 있으며, 5년 유지 후 영주권을 받으면 다시 팔 수 있다는 점이 매력적이었다. 게다가 기존 50만 유로 투자 조건 외에 35만 유로를 재개발 부동산에 투자하는 옵션도 있어 선택의 폭이 다양했다. 스페인도 유사한 부동산 투자 조건이 있었지만 세부 수속 절차와 영주권 취득의 난이도에서 포르투갈이 좀더 수월하다는 점도 마음에 들었다.

우리가 원하는 아이의 미래를 생각했을 때도 포르투갈은 우리 가족에게 훌륭한 옵션이었다. 5년 뒤 유럽 시민권을 취득하면 포르투갈을 벗어나 유럽의 다른 나라로 건너가서 공부하며 취업이나 창업을 할 수 있었다.

포르투갈어 자체의 메리트도 있었다. 과거 남미와 아프리카에 식민지를 둔 적이 있기에 브라질을 비롯해 생각보다 많은 나라가 아직도 포르투갈어를 사용하고 있었다. 스페인어와 언어적으로 유사하다는 장점도 있어 앞으로 남미나 아프리카 대륙으로 진출하기에도 좋은 발판이 될 거라는 생각이 들었다. 그리스는 포르투갈보다 투자자금은 덜 들었지만, 글로벌 무대에서 언어의 활용도가 포르투갈에 비해 낮다는 생각에 고려 대상에서 제외했다.

## 포르투갈 부동산 투자 방법은?

우선 포르투갈 부동산에 어떻게 투자할 수 있는지가 궁금했다. 미국 주식을 통해 해외 기축통화 자산의 중요성을 경험하면서 포트폴리오를 좀더 분산해야겠다고 생각하던 참이라 유로화 자산인 포르투갈 부동산은 무척 관심이 가는 투자 대상이었다. 실제 수익률이 얼마나 되는지는 직접 가서 확인해야 할 사항이었기에 우선 골든비자 취득을 위한 부동산 투자 조건을 공부했다. 그 결과 내 선택지는 크게 두 가지였다.

### 50만 유로 이상의 부동산 투자

50만 유로 이상의 포르투갈 현지 부동산을 구매하는 방법이다.

부동산의 용도·개수·지역은 상관없으며 개인, 공동명의, 법인 형태로 투자할 수 있다. 만약 정부가 지정한 인구 저밀도 지역에 투자하는 경우 40만 유로 이상을 투자하면 된다.

골든비자 신청을 위해 제출해야 하는 서류는 다음과 같다.

- 부동산 양도증서Deed 또는 가계약서(지급한 가계약금 총액이 50만 유로 이상이 되어야 함)
- 취득 과정상 50만 유로 이상의 금액이 국제송금 됐음을 입증하는 현지 금융기관 서류
- 부동산 소유권을 입증하는 토지 등기 서류
- 취득 부동산에 대한 법적 서류

유의할 점은 해외에서 포르투갈 현지 은행으로의 국제송금 방식을 통한 자금만 인정된다는 점이다. 즉, 자신이 직접 현금을 들고 가서 포르투갈 현지 은행에 예치하는 경우에는 투자 금액으로 인정되지 않는다.

## 35만 유로 이상의 부동산 투자

35만 유로 이상의 부동산 투자는 반드시 다음 조건을 충족해야 한다.

첫째, 해당 부동산의 취득 및 개조renovation 공사를 해야 한다. 35만

유로 조건은 부동산의 취득 가격과 공사 비용을 모두 포함하는 것으로, 최소 10만 유로 이상의 공사 비용이 반영되어야 한다. 즉, 해당 부동산에 최소 25만 유로 이상, 개조 공사에 최소 10만 유로 이상을 투자해야 한다는 뜻이다.

둘째, 해당 부동산이 30년 이상 된 건물이거나, 30년 조건 미충족 시 지역 관청에서 지정한 재개발 지역에 속해야 한다. 참고로 리스본이나 포르투 같은 도시의 도심 재개발 지역은 30년 이상 된 건물들이 대다수이므로 위 조건을 둘 다 충족하는 경우가 많다. 또는 도심 지역이 아니더라도 지역 관청의 지정허가를 받아 개발 프로젝트(예컨대 호텔) 형태로 진행하는 경우도 있다.

셋째, 인구 저밀도 지역은 위 두 가지 조건 충족 시 28만 유로 이상을 투자하면 된다.

골든비자를 신청하기 위해 제출해야 하는 서류는 50만 유로 조건과 동일하지만, 다음과 같은 재개발 관련 서류를 추가로 제출해야 한다.

- 재개발 공사 수행에 대한 관계기관 사전 통지 또는 허가 신청서
- 건설 관련 관계기관 인증을 받은 공사 업체와의 공사 계약서
- 공사대금 지급영수증 또는 공사대금이 공사 업체의 계좌로 이체됐음을 입증하는 현지 금융기관의 서류
- 해당 부동산이 30년 이상 됐음을 입증하는 서류 또는 해당 부동산이 도심

**재개발 지역에 있음을 입증하는 관계기관의 서류**

만약 부동산 구입 및 공사 비용의 총합이 35만 유로에 미치지 못할 경우, 부족한 차액을 현지 금융기관에 이체하고 계좌잔고를 입증하면 투자 조건 충족으로 인정받을 수 있다.

# 해외 부동산 투자,
# 가보지 않은 길로 가다

## 부의 쳇바퀴에서 내려오다

"나는, 돈 벌려고 사는 건가?"

부동산 투자에 몰입하던 시기, 아내와 말다툼 이후 이런 말도 안 되는 질문을 스스로 한 적이 있다. 외벌이 가장의 중요한 역할이 돈을 버는 것이었기에 그랬을까? 아니면 경제적 자유에 너무 심취해서였을까? 그 시절 나는 마치 돈을 벌기 위해 사는 사람 같았다. 그때 왜 그랬었는지 곰곰이 생각해봤다.

내가 투자에 집중했던 근본적인 이유는 다음 세 가지를 얻기 위해서였다.

- 경제적으로 윤택한 삶
- 여유로운 노후
- 자녀의 교육과 성장

비단 나뿐만이 아니라 자녀를 키우는 우리나라의 30, 40대 부모라면 누구나 원하는 바일 것이다. 어쩌면 소박하기 그지없는 이런 목표들을 달성하기 위해 필요한 것은 역시 돈이다. 자녀 교육조차 환경이 많이 달라져서 이제 '개천에서 용 난다'는 속담은 옛말이 되어가고 있다. 더 다양하고 수준 높은 교육, 남들보다 앞서나가는 교육이 명문대학 입학으로 이어지는 트렌드 속에서 이런 교육을 감당할 수 있는 부를 가진 사람들이 자녀 교육에서도 유리한 위치를 점하고 있다. 더 많은 부를 가질수록 누구나 꿈꾸는 인생의 목표를 이루기 쉽다는 것을 사람들은 이미 알고 있다. 그래서 열심히 맞벌이를 하고, 투잡을 뛰고, 투자를 한다.

그런데 문제는 그리 대단하지도 않은 꿈을 이루기 위해 필요한 부의 크기가 쫓아가기에 버거울 만큼 빠르게 커진다는 점이다. 10억이면 될 줄 알고 열심히 노력해서 도달했더니, 이제 그 정도로는 안 된다고 한다. 과거보다 화폐 가치가 하락해서 30억은 있어야 한다는 것이다. 어떤 사람은 30억도 부족하단다. 최소 50억은 있어야 한단다.

과연 얼마나 모으면 만족할 수 있을까? 이 길은 언제쯤 끝이 날까? 끝이 보이지 않는 여정에서 가족과 나를 위한 시간은 점점 줄어갔고 몸과 마음은 지쳐갔다. 그리고 여전히 나는 답을 찾지 못하고 있었다.

쫓아가기가 왜 이렇게 점점 버거워지는지 생각해봤다. 땅덩이는 좁고, 변변한 자원도 없고, 좋은 자리는 적은데 사람 수는 많아서 그런가? 아니면 우리나라 국민성이 원래 그런 걸까? 유독 우리나라는 어느 분야든 경쟁이 치열하다. 치열한 경쟁은 자연스럽게 비교를 하게 하고 절대적 우위보다 상대적 우위에 집착하게 한다. 상대적 우위는 영원하지 않기에 항상 불안하다. 그래서 우위를 지키기 위해, 더 앞서가기 위해 계속 자본을 투입하고 장벽을 친다. 뒤처진 사람들은 노력하면 쫓아갈 수 있다는 희망으로 열심히 따라간다. 위에 있든 아래에 있든 둘 다 치열하게 노력한다. 쫓아가면 도망간다. 그래서 또 쫓아가면 또 도망간다. 그렇게 점점 수준은 높아져 가고 끝은 보이지 않는다. 이를 대표적으로 보여주는 것이 우리나라의 자녀 교육과 서울 집값의 현실이다.

생각 끝에 과거 내가 추구하던 삶에 대해 나름의 정의를 내렸다. '자녀 교육'과 '서울 집값', 이 두 가지 축으로 돌아가는 부의 쳇바퀴를 끝없이 굴리는 삶이었다. 게임의 룰은 점점 불리해져 갔다. 예컨대 1분에 10바퀴를 굴리면 도토리 1개를 얻을 수 있었던 게임이 1분에 20바퀴를 굴려야 1개를 얻을 수 있는 게임으로 바뀌고 있었다. 내가 그토록 부동산 투자에 몰입할 수밖에 없었던 이유도 명확해졌다. 결국 스스로 한계를 정하지 않는 이상 내가 원하는 인생에 도달하기 위해서는 더 많은 부가 필요했고, 그러려면 나는 20바퀴를 넘어 더 많은 쳇바퀴를 더 빨리 굴려야 했다.

경제적으로 윤택한 삶, 여유로운 노후, 자녀의 교육과 성장. 이 세 가지 목표를 두고 내가 원하는 우리 가족의 구체적인 삶의 모습을 곰곰이 생각했다. 먹고 싶은 것 먹고, 언제든 원할 때 함께 시간을 보내고 어디로든 자유롭게 여행을 떠나며, 하루하루 건강하게 살고, 아이가 자신이 좋아하고 잘하는 것을 찾아 돈에 구애받지 않고 인생을 즐기면서 자유롭게 살고, 이 모든 것을 누리기에 평생 부족함이 없는 것. 그게 전부였다. 결국 지금 내가 가진 부로 내가 원하는 우리 가족의 삶을 누릴 수 있다면 더는 부를 쌓기 위한 쳇바퀴를 굴리지 않아도 된다. 이쯤에서 그만 내려와도 괜찮다.

'과연 이 길은 언제까지 가야 끝이 나는 걸까?'

내가 내린 결론은 언제 끝날지 알 수 없다는 것이었다. 이제 선택지가 명확해졌다. 어느 수준에서 포기하거나 판을 아예 바꾸거나. 현실에 굴복해 적당한 수준에서 포기하고 싶지는 않았다. 비교할 대상이 없는 곳, 내가 가진 자산으로 내가 원하는 인생의 목표를 이룰 수 있는 곳을 찾으면 그만이었다. 선택은 어렵지 않았다.


## '비긴어게인'의 마법

포르투갈 이민 수속 경험이 많은 이주 업체를 찾아 그동안 우리가 파악한 내용의 진위와 궁금했던 점들을 확인했다. 상담 결과 우리 가족의 전반적인 상황을 고려할 때, 포르투갈이 유럽으로 들어가기에 가장 효율적이고 빠른 루트라는 최종적인 확신을 얻을 수 있었다. 이제 남은 건 포르투갈에서도 어느 지역으로 갈지를 결정하는 일이었다.

이미 결심한 이상 우리는 한시라도 빨리 떠나고 싶었다. 하지만 어디에서 살지 정하기 위해서는 좀더 많은 정보가 필요했고 답사도 가봐야 했다. 그러던 어느 날, 우리 부부는 우연히 TV 프로그램에 나온 포르투갈의 한 도시를 보고 완전히 매료돼 그날 바로 비행기 표를 끊었다. 우리가 본 건 JTBC에서 방영한 음악 프로그램 〈비긴 어게인 2〉 '포르투갈 편'이었고 우리의 목적지는 포르투갈 제2의 도시 포르투였다.

결정은 즉흥적이었지만 준비는 철저히 해야 했다. 그동안 모은 정보를 바탕으로 현지에 가서 직접 확인해야 할 것들을 정리했다. 포르투 시청의 도시개발 계획과 현지 부동산 중개 웹사이트들을 모니터링하면서 포르투 부동산의 입지적 특성과 동네별 주택 가격에 대한 감을 잡아갔다. 그리고 현지 매물 답사를 위해 현지 부동산 중개 회사도 몇 군데 연락해서 약속을 잡았다. 국제학교 방문도 빼놓을 수 없었다. 아이가 다닐 국제학교를 직접 눈으로 확인하는 것이 무엇보다 중요했기에 학교와 연락해서 방문 일정을 잡았다.


2019년 7월 1일.

포르투에 가서 확인할 숙제를 안고 우리 가족은 유라시아 대륙

반대편 끝자락에 있는 포르투갈로의 첫 여정을 시작했다.

흔히 만남에서 첫인상을 결정짓는 시간은 3초에서 10초 사이라고 한다. 그 짧은 시간에 상대의 이미지가 정해지기에 첫인상이 그만큼 중요하다는 뜻이다. 포르투의 첫 아침을 맞이하고 나서 우리는 그 말의 의미를 실감했다. 구름이 살짝 낀 연회색 하늘, 조용하고 차분한 거리, 미세먼지 없는 상쾌한 공기, 거리를 가로질러 나는 갈매기, 눈이 마주치면 미소로 인사하는 사람들. 포르투의 첫인상은 차분했고 가볍지 않았다. 그래서 더 강렬했다.

우리 가족은 그때 이미 이곳에 와서 살아야겠다고 마음먹었는지도 모른다. 노천카페에 앉아 1유로짜리 커피를 말없이 마시면서 우리 부부는 입가의 미소와 눈빛으로 서로의 생각과 느낌을 공유했다.

포르투에서 확인하기로 한 체크포인트에 대해 우리가 느낀 점을 다음과 같이 정리했다.

## 현지 기후와 날씨

여름이라 오후의 햇볕은 다소 따가웠지만 습하지 않아 불쾌감이 전혀 없었다. 오히려 새벽에는 좀 춥다는 느낌이 들 정도였다. 체류하는 동안 날씨는 화창했고 기온 변화도 크지 않았다. 여름철이 왜 포르투 여행의 극성수기인지 이해가 가는 날씨였다. 미세먼지도 없었다. 한국에서 비염으로 콧물을 달고 살던 아이가 여기에서는 콧물을 전혀 흘리지 않았다.

## 생활물가 수준과 음식

식재료 물가는 알아본 대로 우리나라보다 저렴했다. 커피와 와인은 말할 것도 없고 마트 물가 역시 저렴했다. 특히 우리나라에 비해 싸고 다양한 과일이 많다는 점이 마음에 들었다. 외식을 하는 경우 전반적으로 우리나라 대비 80% 수준의 비용이 들었다. 교통비를 보자면, 지하철 기본요금은 한국보다 약간 비싼 수준(약 1,600원)이었고 택시보다 저렴한 우버Uber가 활성화되어 있었다. 음식은 듣던 대로 '단짠단짠'한 편이었고 대체로 우리 입맛에 맞았다. 해물이 들어간 국물 요리들은 우리나라의 오징어찌개와 맛이 비슷했다. 현지인들도 쌀과 감자를 많이 먹는 편이라 음식에 적응하는 데 크게 무리가 없다고 느꼈다. 아시안 마켓이 있어서 기본적인 한국 양념은 물론 라면, 소주 같은 우리나라 식품도 어렵지 않게 구할 수 있었다.

## 현지 사람들의 성향 및 외국인을 바라보는 태도

일반화할 수는 없겠지만 체류하는 동안 우리가 만난 현지인들을 통해 느낀 건 대체로 친절하다는 점이었다. 익히 들은 대로 조급함 대신 여유와 배려가 넘쳤다. 아무리 바빠도 노약자나 어린이에게 순서를 양보하고, 신호가 없는 곳이라도 보행자가 있으면 무조건 차를 멈추고 기다리는 모습이 인상적이었다. 특히 어린이에 대한 호감이 많았는데 그 덕에 길거리나 대중교통에서 할아버지, 할머니들의 애정 어린 관심에 우리 아이가 좀 고생했다. 관광 산업이 발달한 도시라 그런지 외국인, 특히 동양인에 대한 차별적 시선이나 대우는 느끼지 못했다.

## 국제학교의 교육 환경

우리가 방문한 국제학교는 포르투국제학교CLIP였다. 학교 담당자와 함께 1시간 정도 시설을 둘러보고 입학 상담을 받았다. 둘러보면서 마음에 들었던 건 교내에 모든 예체능 수업 시설을 갖추고 있어 별도의 사교육이 필요하지 않다는 점이었다. 학교 지정 체육 종목이 수영이라 모든 학생이 필수적으로 수영을 배운다는 점도 인상적이었다. 1년 학비를 고려할 때 한국에서 이것저것 학원 보내면서 사교육을 하는 것보다 가성비가 훨씬 좋다는 판단이 들었다.

다양한 언어를 습득할 수 있다는 점도 장점이었다. 포르투 국제학교에서는 영어와 포르투갈어 외에 스페인어, 프랑스어, 독일어 중 선택해서 배울 수가 있었다. 최소 3개 국어를 배우면서 다양한 국적과 문화적 배경을 가진 아이들과 함께 어울리며 네트워크를 형성할 수 있는 교육 환경이었다.

커리큘럼은 만 3세부터 17세까지 프로그램이 갖춰져 있으며, 14세부터는 영국 케임브리지 커리큘럼에 따라 수업을 진행했다. 18세가 되면 자신의 진로를 결정하는데, 대학 진학의 연도별 현황을 보니 영국·독일·미국 대학이 많았고 현지 의대 진학도 꽤 있었다. 포르투갈 기준에서 학비가 비싼 편이라 그런지 학생들의 분위기와 학부모들의 경제 수준이 사뭇 다르다는 점도 느낄 수 있었는데, 아내가 이 점을 특히 마음에 들어 했다.

상담 결과 내년에 만 3세가 되는 우리 아이는 'Pre-kinder' 과정으로 입학이 가능했다. 우리는 사전등록을 하고 인터뷰 일정이 잡히면 다시 방문하기로 했다.

## 현지 부동산 시장 현황

포르투의 도심 재개발은 기존 오래된 건물의 외관과 골조는 유지하되 내부를 여러 개의 유닛unit으로 쪼개어 리모델링하는 방식으로 이루어지고 있었다. 단독주택을 사서 다세대주택으로 개조하는 빌라 쪼개기와 비슷했다. 포르투 도심에 있는 주택은 보통 3층짜리 건물 1채를 리모델링하면, 방이 없는 스튜디오 구조*의 아파트 기준으로 층당 앞뒤로 1채씩 총 6채 정도를 만들 수 있었다.

미리 연락해둔 부동산 중개 회사들과 미팅을 했다. 내가 생각하는 투자 조건을 사전에 전달했기에 간단한 브리핑 후 매물 몇 군데를 둘러봤다. 포르투는 도심에 있는 오래된 건물들을 스튜디오 형태로 리모델링한 후, 관광객에게 단기로 임대하는 사업이 활성화되

---

* 이를 'T0'이라고 한다. 방이 1개면 'T1', 방이 2개면 'T2'라고 한다.

어 있었다. 우리가 본 매물은 도심에 있는 스튜디오 아파트였는데 생각했던 대로 입지가 좋거나 새로 리모델링한 것들은 평당 가격이 꽤 높았다. 기타 비용 및 세금을 제외한 순임대수익률은 평균 6%대였고 입지가 좋은 곳들은 7%도 있었다. 이미 공사 중인 집들도 많았고, 입지가 괜찮은 물건을 잡는다면 충분히 만족할 만한 수익을 얻을 수 있다는 결론을 얻었다.

이곳에서 알게 된 사실은 35만 유로 재개발 부동산 투자 조건의 경우 이미 완공된 부동산은 해당사항이 없다는 점이었다. 업체 관계자에 따르면 오래된 집을 25만 유로에 사서 10만 유로의 공사 비용을 들여 개조하는 경우만 조건을 충족할 수 있었다. 투자 이후 완공까지 걸리는 시간과 공사 과정의 불확실성이라는 리스크를 고려할 때, 가장 저렴한 35만 유로 투자 옵션을 생각했던 우리에게는 그리 달갑지 않은 소식이었다.

우리는 꼬박 일주일을 머물렀다. 계획한 일정을 소화하다 보니 시간이 쏜살같이 흘러갔다. 포르투를 정확히 파악하기에 일주일이라는 시간은 턱없이 부족했다. 하지만 바쁜 와중에도 이곳에 머물면서 느꼈던 행복과 설렘은 우리에게 걱정할 필요가 없다는 걸 깨닫게 해주었다. 우리는 포르투에서 너무나 행복했고 충분히 위로를 받았다. 처음 포르투갈을 알게 된 이후부터 이곳에 도착하기까지 우리가 보낸 수많은 고민과 갈등의 시간은 헛되지 않았고 그럴 만한 가치가 있었다.

일정 마지막 날, 세라도 필라 수도원에서 도우루강 야경을 보며 우리는 이곳에서 살고 싶다는 생각을 굳혔다. 다음에는 집 살 돈을 들고 와서 이곳에서 다시 석양을 보리라 다짐했다. 우리는 포르투에서 희망을 발견했다. 답사 성과는 그것으로 충분했다.

## 파이어족의 가능성을 발견하다

첫 답사차 포르투로 향하던 장장 16시간여의 비행은 지루하기 짝이 없었다. 온갖 걱정과 잡념이 내 머릿속을 휘젓기엔 더할 나위 없이 좋은 시간이었다. 문득 이런 생각이 들었다.

'거기 가면 정말 회사를 그만둘 수 있을까?'

정말로 이민을 떠난다면 당연히 나를 포함해서 우리 가족 모두가 떠나는 게 맞았다. 가족 중에 영어를 구사할 수 있는 사람은 내가 유일했다. 아이가 국제학교에 적응할 때까지 내가 아이의 통학을 전담해야 하기에 현지 생활을 위해서는 내가 반드시 함께 살아야 했다. 회사가 주는 혜택을 포기하는 것은 아쉬웠지만, 그렇다고 나 혼자 한국에서 기러기 아빠 생활을 하는 건 여러모로 무리였고 이민을 가는 본래의 취지와도 맞지 않았다. 그러나 회사를 그만둔다는 것은 당분간 또는 앞으로 계속 근로소득 없이 가족의 생계를 꾸려가야 한다는 것을 의미했다. 현지 취업이 보장되어 있지 않은 상황에서 경제적 자유는 필수적인 전제 조건이었다. 내가 포르투 현지에 투자할 부동산에서 나오는 현금흐름이 우리 가족의 최소 생활비를 충족시켜야 했고, 이번 답사를 통해 그게 가능할지 반드시 확인해야 했다. 만약 가능성을 발견한다면 심리적 안정 속에서 이민에 집중하기 위해 직장을 그만두는 대신 육아휴직을 쓸 참이었다.

답사를 떠나기 전, 그동안 모은 정보를 취합해 3인 가족 기준 현지 한 달 생활비를 대충 계산해봤다. 유튜브에서 찾은, 자차 없이 리스본에서 방 하나짜리 아파트에 거주하는 성인 2인 가족의 한 달 생활비 내역은 다음과 같았다.

- **아파트 렌트비: 1,200유로**
- **식료품비: 250유로**
- **교통비: 40유로**
- **공과금: 150유로**
- **통신비(인터넷 포함): 70유로**
- **의료보험료: 200유로**

총 1,910유로다. 우리는 현지에 실거주 집을 구매할 계획이라 아파트 렌트비는 고려할 필요가 없었기에 이를 제외하고 3인 가족 기준으로 환산해보니 1,065유로가 나왔다. 포르투가 리스본보다는 물가가 싸다고 알려져 있었지만 외식이나 관광, 여행 같은 여가 부분을 제외한 보수적인 수치로 보는 게 나을 것 같았다. 다른 웹사이트에서 얻은 정보도 반영해서 아이 학비를 제외한 3인 가족의 포르투 한 달 생활비를 1,500유로(한화 약 200만 원)로 잡았다. 이제 남은 건 내가 생각하는 투자 금액 안에서 최소 월 1,500유로의 현금흐름을 만들어줄 부동산을 직접 찾는 일이었다.

현지에서 직접 확인한 포르투 도심 아파트의 매매 및 임대 시세는 대략 다음 표와 같았다.

**〈표 3-1〉 포르투 도심 아파트 시세 및 임대료**

(월 단기임대 기준)

| 타입 | 방 수 (개) | 가격대 (유로) | 평균 가격 (유로) | 크기 (제곱미터) | 월평균 순임대수익 (유로) | 연수익률 (%) |
|---|---|---|---|---|---|---|
| T0 | 0 | 130,000~ 170,000 | 150,000 | 40~50 | 800 | 6.4 |
| T1 | 1 | 180,000~ 230,000 | 205,000 | 60~70 | 1,000~1,100 | 5.8~6.4 |
| T2 | 2 | 240,000~ 300,000 | 270,000 | 80~100 | 1,300~1,500 | 5.7~6.6 |

임대 형태의 경우, 포르투의 풍부한 관광객 수요 덕분에 장기임대보다 에어비앤비 형태의 단기임대가 좀더 많은 수익을 기대할 수 있었다. 포르투는 도심에 살던 기존 현지인들이 오르는 임대료를 감당하지 못하고 외곽으로 밀려나면서 사회적 이슈가 될 정도로 임대료가 상승하고 있었고, 높은 수익률에 매료된 해외 투자자들이 지속적으로 유입되면서 아파트 가격도 덩달아 오르고 있었다. 실제로 매물을 둘러보며 현지 부동산 시장 분위기를 확인하고 나니 어떤 부동산을 얼마에 구매할지 전략을 잘 짜서 실행에 옮긴다면, 내가 꿈꾸던 경제적 자유를 이룰 수 있겠다는 판단이 섰다.

부동산 투자를 국내에서만 할 필요는 없었다. 부동산 투자에서는 포르투갈이 우리나라보다 훨씬 나은 조건이었다. 정부는 경기를 부양하고 외국인 자본을 유치하기 위해 부동산 시장에 우호적인 정책을 펼쳤으며, 세금 제도 역시 같은 취지로 운영되고 있었다. 외국인 투자자에게 각종 세제 혜택을 줄 뿐 아니라 상속세, 증여세도 없는 구조였다.

한국으로 돌아오는 비행 역시 지루하긴 마찬가지였다. 하지만 이번에 내 머릿속을 채운 것은 걱정과 염려가 아닌, 미래에 대한 희망이었다. 그때 떠오른 단어가 하나 있었다. 바로 '파이어족'이다.

'미래를 위해 현재는 정말 희생할 수밖에 없는 걸까?'

이제야 이 질문에 답을 할 수 있었다. 경제적 자유를 위해서라면 나의 답은 '그렇다'였다. 하지만 어떻게 하느냐에 따라 희생의 크기는 얼마든지 줄일 수 있다. 핵심은 '빨리' 경제적 자유를 달성하는 것이다. 이를 위한 필수 조건은 조기 은퇴를 할 수 있는 충분한 현금흐름을 확보하는 것, 이른바 파이어족이 되는 것이다.

포르투는 내가 파이어족이 될 수 있다는 가능성을 보여주었다. 내가 당장 은퇴를 해도 우리 가족이 생활하기에 충분한 현금흐름을 주는 곳이라면, 이제 더는 미래를 위해 현재를 희생하지 않아도 됐다. 앞으로는 아내가 나에게 굳이 이 말을 안 해도 되게끔 해주고 싶었다.

"우리에게는 지금 이 순간도 다시 안 올 소중한 시간이잖아."

# 투자 전략과 현장이
# 답이다

## 투자 전략을 세우고 시나리오를 쓰다

두 번째 답사를 준비할 당시 포르투의 부동산 가격은 계속 오르고 있었기에 투자자금이 준비된 이상 하루빨리 포르투로 날아가 부동산을 구입하는 게 나았다. 하지만 떠나기 전에 부동산 투자에 얼마의 자금을 투입할 것인지 최종 결정을 해야 했다. 앞으로 포르투에서 누릴 우리 가족의 경제적 여유와 직결되는 문제이기 때문이다. 35만 유로냐 50만 유로냐에 따라 전체 자산을 어떻게 배분할 것인지, 선택지별로 시나리오를 수립할 필요가 있었다.

나는 우리 가족의 생활비를 충당하기 위한 현금흐름이 국내는 제외하고 해외 보유 자산에서 모두 나오게 하는 것으로 계획을 수립했다. 주 수입원은 현지 부동산 임대수익과 미국 주식에서 나오는 배당수익이었다. 여기에는 두 가지 시나리오가 있다.

첫째 35만 유로 조건을 선택할 경우, 35만 유로로 실거주 주택을 구입하고 나머지 자금은 미국 주식에 투자해서 배당금으로 현지 생활비를 충당하는 시나리오다. 둘째 50만 유로 조건을 선택할 경우, 50만 유로로 실거주 주택과 임대용 주택을 구입해서 임대수익으로 생활비를 충당하고 미국 주식에 남은 자금을 투자하는 시나리오다.

35만 유로 부동산 투자 조건이 생각보다 쉽지 않다는 건 알았지만 포기하기엔 아쉬웠다. 이주 업체에 출국 전까지 포르투 현지에 우리가 원하는 거주 여건과 지역으로 35만 유로 투자 조건에 부합하는 실거주 주택이 있는지 알아봐 달라고 요청했다. 하지만 매물을 찾기가 생각보다 쉽지 않았다. 출국 시기는 점점 다가왔고 결국 우리는 50만 유로를 투자해서 현지에서 실거주와 임대용 주택을 구입하기로 했다.

이제 50만 유로를 이용해 어떤 투자 전략으로 부동산 포트폴리오를 구성할지 고민해야 했다. 내가 답을 찾아야 하는 문제는 크게 세 가지였다.

- **어떤 목적을 최우선으로 둘 것인가?**
- **어느 지역에 구입할 것인가?**
- **어느 정도 가격의 부동산을 몇 채 살 것인가?**

해외 부동산에 투자하는 만큼, 평소 원칙인 가성비와 리스크를 우선순위에 두고 문제를 풀어나갔다.

우선 첫 번째 답사를 통해 직접 확인한 내용을 바탕으로 포르투의 지역별 부동산 특성과 시세를 정리했다. 실거주 주택은 통학 거리와 거주 편의성이 핵심이기에 국제학교와의 거리, 주변 편의시설, 대중교통 접근성을 최우선으로 두고 지역을 물색했다. 임대용 주택의 핵심은 투자수익률과 안정성이다. 주어진 투자 예산으로 가능한 한 높은 수익을 얻으면서 실제로 안정적인 현금흐름이 검증된 물건을 찾아야 했다.

현지 중개인 친구가 보내준 자료를 통해 도심 아파트의 수요·공급 상황과 단기임대를 할 경우의 평균 임대수익률을 지속적으로 체크했다. 투자자금 대비 임대수익률을 바탕으로 우리 가족의 한 달 생활비를 충족하기에 충분한 현금흐름을 만들려면 얼마짜리로 몇 채가 필요한지 계산했다. 그렇게 검토한 내용을 부동산 관련 일을 하는 현지인 친구들과 공유하며 타당성을 검증했다.

나는 마침내 세 가지 질문에 대한 답을 찾았고, 포트폴리오를 다음과 같이 구성하기로 결정했다.

실거주 주택의 위치는 관광객이 많은 포르투 도심보다는 국제학교와의 접근성이 좋고 바닷가에 있으며 충분한 녹지공간을 품고 있는 마토지뉴스 지역이 최적이라고 판단했다. 임대용 주택은 단기임대를 이용하는 관광객 인원 단위를 고려할 때, T2(방 2개) 1채보다는 T0(스튜디오) 2채를 도심 핵심 입지에 구입하는 것이 최선이라는

<표 3-2> 포르투 부동산 투자 포트폴리오 구성

| 용도 | 수량<br>(채) | 타입 | 지역 | 면적<br>(제곱미터) | 예산 범위<br>(유로) | 목표<br>순임대수익<br>(유로) |
|------|------|------|------|------|------|------|
| 실거주 | 1 | T2 | 마토지뉴스 | 80~100 | 200,000~<br>220,000 | – |
| 임대 | 2 | T0 | 포르투 도심 | 40~50 | 280,000~<br>300,000 | 1,500 |

결론을 얻었다.

임대용 주택에 대해서는 현지 중개인 친구를 통해 매물 현황을 꾸준히 업데이트받고 있었기에 안심이 됐다. 문제는 마토지뉴스 지역의 실거주 주택이었다. 중개인 친구가 그 지역까지 커버하기엔 한계가 있었다. 우리 가족이 살 집이니 우리 손으로 직접 찾기로 하고 가능한 모든 채널을 동원했다. 포르투갈에도 우리나라의 네이버 부동산과 유사한 온라인 중개 웹사이트들이 있었다. 국내 부동산 투자에 몰입했던 작년의 내 모습을 불러오는 건 그리 어렵지 않았다. 나는 웹사이트를 돌며 우리가 생각한 조건에 맞는 매물을 미친 듯이 뒤졌다. 관심이 가는 매물을 찾으면 중개인에게 밤낮을 가리지 않고 연락했다. 매물이 팔렸다고 하면 우리가 찾는 집의 조건을 전달하고 매물을 소개해달라고 요청했다.

육아휴직을 시작하고 처음에는 2020년 2월쯤 포르투로 두 번째 답사를 떠나려 했다. 하지만 부동산 매물을 찾으면서 깨달았다. 아무리 열심히 찾고 연락해봐야 우리가 현지에 도착할 때까지 그 집들이 안 팔리고 남아 있으리라는 보장이 없다는 것을. 실제로 보기로 한 집들 중 절반이 우리가 현지에 도착하기 전에 팔렸다. 답사 일정을 확정하는 것이 더 중요했다. 빠르면 빠를수록 좋았다. 준비 기간이 촉박했지만, 우리는 일단 가서 부딪치기로 하고 출국 일정을 2020년 1월 초로 당겼다. 그 덕분에 매물을 찾는 나의 몰입도도 더욱 높아졌다. 출국까지 2주가 남아 있었지만, 직접 확인할 매물 리스트와 방문 스케줄을 확정하는 데 그 정도면 충분했다.

2차 답사를 떠나기 전 마지막으로 한 일은 이주 업체 계약이었다. 우리는 통상 이주 업체를 통해 부동산 매물을 소개받아 구매 계약부터 비자 수속까지 하는 이른바 풀 패키지full package 방식을 선택하지 않았다. 우리가 직접 현지 매물을 찾아서 매도인과 협상하고, 구매 계약부터 이후의 비자 수속 업무는 이주 업체에 맡기는 방식으로 진행했다. 직접 알아보는 건 여러모로 훨씬 힘든 일이었지만, 우리가 원하는 매물을 스스로 선택하는 것이 가장 중요하다고 판단했기 때문이다. 그렇기에 우리의 계획을 잘 이해하고 도와줄, 경험이 풍부한 파트너가 필요했다. 우리는 충분한 사전조사를 바탕으로 업체를 선정했고, 준비 과정에서도 자주 방문해서 상담을 했다. 이주 업체를 고르면서 느낀 건, 준비하는 이민 프로그램에 대해 자신이 많이 알면 알수록 좋은 업체를 찾을 확률이 높아진다는 점이었다. 실제로 먼저 충분히 알아본 후 이주 업체와 상담했을 때 그 업체가 능력이 있고 경험이 풍부한지를 판단하기가 훨씬 쉬웠다.

# 비거주자 신분으로
# 포르투갈 부동산에 투자하기

이민을 가지 않더라도 국내에 거주하면서 포르투갈 부동산에 투자할 수 있다. 포르투갈 법상 현지 투자를 위해 반드시 거주해야 하는 의무는 없기 때문이다. 비거주자 신분으로 포르투갈 현지 부동산에 투자할 경우 각종 세제 혜택을 받을 수 있으며 원화가 아닌 유로화로 임대수익을 얻는다는 장점이 있다.

참고로 2020년 8월 현재 기준, 비거주자 신분으로 현지 부동산을 구입하여 관광객을 대상으로 단기임대할 경우 적용받는 세제는 다음과 같다.

- 총임대수입에 대한 공제 가능 경비: 1년 차 82.5%, 2년 차 73.75%, 3년 차부터 65% 적용
- 소득세율: 고정 25%
- 부가가치세: 연간 임대수입 1만 1,000유로까지 면세(1만 1,000유로 초과 시 6%)

만약 현지 부동산에 투자하다가 영주권이나 시민권을 취득하고 싶다면, 골든비자 신청을 위한 투자 조건을 충족한 후 비자 수속을 진행하면 된다.

# 쉼 없이 진행한 현지 매물 답사

2020년 1월 7일.

6개월 만에 우리는 다시 비행기에 몸을 실었다. 1차 답사 때와 달리 이번엔 반드시 완수해야 하는 과제가 있다 보니 비장함마저 느껴졌다. 그렇게 16시간의 비행 끝에 우리는 다시 포르투로 돌아왔고, 실거주 매물 답사를 위해 마토지뉴스로 이동했다.

## 실거주 매물 답사

마토지뉴스에서 맞이하는 첫 아침의 느낌은 1차 답사 때와 다르지 않았다. 겨울을 잊게 하는 따뜻한 햇볕, 깨끗하고 상쾌한 공기, 조용하고 평화로운 분위기가 여독을 날려주었다. 마음 같아서는 온종일 해변 카페에 앉아 '멍 때리고' 싶었다.

하지만 첫날부터 빡빡한 스케줄이 기다리고 있었다. 우리가 볼 집들은 25만~26만 유로 가격대의 T2(방 2개) 타입 아파트였다. 1990년대 중후반에 지은 아파트들이 대부분이었지만, 해변과 가까워서 그런지 다른 지역보다 비싼 축에 속했다. 잠깐의 커피타임을 뒤로하고 우리는 미리 약속해놓은 방문 시간에 늦지 않게 발걸음을 재촉했다.

첫날 우리는 3건의 매물을 둘러봤다. 첫 번째 매물은 사진을 보고 마음에 들었는데 실제로 봤을 때도 기대를 크게 벗어나지 않았다. 관리가 잘되어 집 상태가 좋았고 주방도 깨끗했으며, 세탁기 등 가전제품도 빌트인인 데다 실내 구조도 마음에 들었다. 또 발코니가 단지 안쪽으로 향하고 있어 소음이나 프라이버시 측면에서도 괜찮아 보였다. 다만 거실 창이 작다는 점, 건너편이 자동차 수리 공장이라는 점이 아쉬웠다. 두 번째와 세 번째 매물은 사진으로 봤을 때와는 사뭇 달라서 그리 좋은 인상은 받지 못했다. 숙소로 돌아오면서 오늘 본 집들 중에서는 첫 번째 매물이 가장 낫다는 결론을 내렸다.

매물들을 둘러보면서 두 가지 사실을 새로 알게 됐다.

첫째, 포르투는 남향보다 동향이나 서향집이 많다는 것이다. 워낙 일조량이 많고 햇살이 강해서 현지인들이 남향을 덥다고 느끼기 때문에 집을 지을 때 주로 동향이나 서향으로 짓는 편이라고 한다.

둘째, 마토지뉴스의 집값이 많이 오른 이유에 대해서다. 관광객이 많은 포르투 도심과 달리 마토지뉴스는 해변과 공원, 국제학교가 가깝다는 입지 덕분에 중상층upper-middle class이 실거주로 선호하는 주거 지역이다. 게다가 과거 몇 년간 지역 당국의 규제로 신규 주택 착공 허가가 줄어들면서 수요에 비해 공급이 턱없이 부족해졌다고 한다. 수요는 많은데 공급이 적으니 가격이 오를 수밖에 없었다. 실제로 매물로 나온 집들은 오래된 아파트임에도 높은 가격에 아랑곳하지 않고 바로 거래가 성사되곤 했다.


다음 날도 아침부터 방문 스케줄이 짜여 있어서 일찍 숙소를 나섰다. 오늘 볼 매물은 총 4개다. 비가 내리긴 했지만 운전기사 할아버지가 건넨 달콤한 사탕을 빨면서 해맑게 웃는 아이를 보며 왠지 오늘은 우리의 보금자리를 찾을 수 있으리라는 기대가 들었다.

네 번째 매물을 방문했다. 4~6층이 한 집으로 4층은 거실 및 주방, 5층은 방 2개, 6층은 옥상 테라스로 구성된 독특한 구조였다. 쇼핑몰이 집 바로 앞에 있었고 전철역까지 도보로 이동할 수 있었다. 국제학교와 병원이 가까웠고 간선도로로의 접근성도 좋았다. 마토지뉴스 지역이지만 바닷가와는 거리가 있어서 가격도 상대적으로 저렴했기에 한국에서도 눈여겨봤던 집이다. 웹사이트에 매물을 올린 집주인 부부를 직접 만나 집을 구경했다. 신축 당시 집주인 부부가 5년 정도 살다가 이사를 가면서 친척에게 집을 빌려준 것 말고는 임차인을 받지 않았다고 한다. 그래서인지 집 상태가 좋은 편이었다. 서향집으로 앞이 도로라서 소음이 다소 있었지만 고층이라 크게 느껴지지 않았고 전망도 나쁘지 않았다. 수납공간이 많다는 점, 6층의 넓은 테라스 공간도 마음에 들었다. 발코니 난간 유리에 금이 가 있는 것 빼고는 전반적으로 만족스러웠다.

인상적이었던 집은 그날 마지막 순서로 방문한 일곱 번째 매물이었다. 집에 들어서는 순간 우리는 동시에 느꼈다. 바로 우리가 찾던 집이라는 것을. 별도의 주차장과 창고 그리고 뒷마당이 있는 전원주택이었다. 거실과 주방 공간이 방과 분리되어 있는 구조였고, 학교 가는 버스가 바로 집 앞에 선다는 점도 마음에 들었다. 무엇보다 올해 학교 가을학기에 맞춰 실거주를 계획하던 우리 부부에게 리모델링 공사가 마무리 단계라는 점은 거부할 수 없는 유혹이었다. 학교와 가장 가까운 신축 전원주택, 이보다 좋을 수는 없었다.

숙소로 돌아오자마자 우리 부부는 최종 결정 작업에 돌입했다. 이틀간 본 7개의 매물 중 평가할 가치가 있는 물건 3개를 추린 뒤에 미리 준비해온 평가표에 각자 점수를 매기고 순위를 정했다. 평가표를 통해 우리가 원하는 조건에 얼마나 부합하는지 좀더 객관적으로 판단할 수 있어서 도움이 됐다. 예상했던 대로 우리가 뽑은 1등은 일곱 번째 집이었다.

## 임대용 매물 답사

셋째 날, 아이의 국제학교 인터뷰를 마치자마자 임대용 매물 답사를 시작했다. 실거주 매물과 달리 임대용 매물을 고를 때 중점을 둔 부분은 투자의 수익률과 안정성이었다. 수익률 측면에서는 같은 가격이면 되도록 면적이 크거나 공간 활용도가 높아서 침대를 많이 배치할 수 있는 구조의 매물을, 안정성 측면에서는 이미 관광객 임대용으로 운영 중이면서 실제로 높은 임대수입을 올리고 있는 매물을 찾아야 했다. 분산투자 측면에서는 도심 핵심 입지 중에서도 중복되지 않도록 1채는 관광명소가 밀집된 도우루강 주변, 1채는 시내 쇼핑 중심가 주변에서 찾기로 했다. 우리는 그동안 꾸준히 연락을 주고받은 현지 중개인 친구와 매물 답사를 시작했다. 주말을 빼고 3일 동안 우리가 본 매물은 총 6개였다.

첫 번째 임대용으로 선택한 집은 세 번째 매물이었다. 시내 중심 가에 있는 스튜디오 형태의 아파트로 가격은 15만 유로에 나와 있었다. 이미 완공되어 임대 중인 집은 아니었지만 공사가 거의 마무리 단계였고 무엇보다도 입지 조건이 좋았다. 전철역에서 도보로 2분 거리였고 집 앞이 찻길이 아닌 공원이라 안전했다. 게다가 주변에 셀프빨래방, 레스토랑, 과일가게 등 편의시설이 잘 갖춰져 있어서 가격은 좀 비쌌지만 그만한 가치가 있는 집이었다. 싱글침대 2개 정도 놓을 수 있는 구조라서 공간 활용도 측면에서도 괜찮았고 건물에 엘리베이터가 없었기에 2층이라는 점도 좋았다.

매물을 보러 다니던 중 우리가 실거주로 결정한 집의 매도인으로부터 연락이 왔다. 최초 매도 가격 25만 5,000유로에서 우리가 제시한 금액은 24만 유로였는데 24만 5,000유로면 팔겠다고 했다. 이미 그 집에 마음을 뺏긴 상태였기에 우리는 매도인이 제시한 조정 가격에 흔쾌히 합의했다. 드디어 포르투갈에 우리 가족이 살 집을 구했다는 생각에 뿌듯했다.

두 번째 임대용으로 선택한 집은 마지막으로 본 여섯 번째 매물이었다. 현지에 도착해서 가장 먼저 보고 싶었던 집이기도 했다. 관광객 임대용으로 예약이 꽉 차 있는 상태여서 구경할 틈이 좀처럼 나지 않았기에 기대를 많이 했다. 4층에 있는 스튜디오 형태의 아파트로 가격은 14만 유로에 나와 있었다. 기대했던 대로 블루톤의 깔끔한 실내 인테리어와 동루이스 다리, 세라도 필라 수도원이 보이는 전망이 아주 마음에 들었다. 엘리베이터가 없는 건물에 4층이라는 점이 마음에 걸렸지만, 고층의 전망이 주는 이점이 그만큼 크다는 생각이 들었다.

단기임대를 시작한 이후 현재까지 임대수입을 얼마나 거뒀는지도 확인했다. 관리자가 보여준 자료에 따르면 9개월간 총 1만 5,500유로, 월평균 약 1,700유로였다. 운영관리비와 임대소득세를 제외한 순수입을 계산해보니 약 850유로, 매매 가격 대비 순수익률이 7%가 조금 넘었다. 우리는 망설임 없이 두 번째 임대용 주택으로 선택했다. 포르투에 온 지 일주일 만에 우리는 원하던 부동산을 모두 찾았다.

## 협상 그리고 미완의 과제들

매물 선정을 마치자마자 이틀 동안 임대용 2채에 대한 가격 협상을 진행했다. 내가 먼저 매수 제안Proposal을 매도인에게 보내면 매도인이 역제안Counter Proposal을 보내고, 내가 다시 그에 대한 역제안을 보내는 식으로 협상이 진행됐다. 둘 사이의 조율은 현지 중개인 친구가 맡았다.

매도인에게 보내는 매수 제안에는 대상 부동산에 대한 기본 정보, 제안 가격 그리고 대금 지급 방법(가계약금, 중도금, 잔금의 액수 및 지급 시기)이 포함된다. 대금 지급 비율은 일반적으로 계약금 30%, 잔금 70%이지만 우리나라에는 1인당 외화 반출 한도가 있기 때문에 보통 10% 정도의 가계약금을 현지에서 지불하고 본국에서 나머지 90%를 송금하는 방식으로 진행한다. 매도인이 요구하거나 필요한 경우 중도금을 추가할 수도 있다.

포르투에 오기 전 부동산 시세를 파악하면서 당시의 상승세를 고려할 때 가격을 깎을 수 있는 범위가 매도 가격의 5~7% 수준이라는 것도 알게 됐다. 그래서 최초 제시 가격을 매도 가격에서 10% 정도 할인된 수준에서 시작했다. 할인폭이 5~7% 범위에 들어오자 예상대로 추가 협상이 쉽지 않았고, 애초 생각했던 범위에서 협상이 마무리됐다. 포르투갈은 중개 수수료를 매도인만 부담하며 요율도 거래 가격의 6% 수준으로 높은 편이라, 이것이 매도인의 거래심리에 적지 않은 영향을 주는 듯했다.

이틀간의 열띤 협상을 통해 나름대로 괜찮은 거래를 했다며 위안했지만, 그때는 전혀 몰랐다. 이 모든 노력이 결국 무의미한 일이었음을.


일정 마지막 날이 밝았다. 오후에 현지 중개인 친구 사무실에서 변호사와 함께 우리가 고른 주택들의 제반 서류를 검토하기로 했다. 우리 가족의 담당 변호사는 바버라 페스타나<sup>Barbara Pestana</sup>였다. 상벤투역에서 만난 그녀는 아이 둘을 둔 40대 워킹맘이었고, 무척 아름다웠다. 우리 가족은 바버라와 함께 점심을 먹고 앞으로 부동산 계약 체결 및 대금 지급을 위한 위임장도 작성했다. 여기까진 분위기가 좋았다. 하지만 사무실에서 미팅을 하면서 우리의 계획에

차질이 생겼음을 알게 됐다. 우리가 선택한 3채의 주택에 대해 바버라가 관련 서류를 검토한 결과, 첫 번째 임대용 주택의 소유 관계가 복잡해서 골든비자 신청에 적합하지 않다는 것이었다.

구체적인 사실관계를 알아보니 나와 해당 물건의 최초 주인 사이에 두 명의 거래자가 끼어 있었고, 내가 매수 협상을 한 매도인은 해당 물건의 최초 주인이 아니라 세 번째 주인이었다. 아직 집이 완공되지 않은 상태에서 공사 초기에 최초 주인에게 프리미엄을 주고 두 번째 매수자가 해당 주택을 매수했고, 세 번째 매수자가 두 번째 매수자에게 또 프리미엄을 주고 매수한 것으로 확인됐다. 즉, 두 번째와 세 번째 매수자는 완공 시점에 내가 지급할 구입대금에서 자신들의 프리미엄을 취하고 남은 잔액을 최초 주인에게 지급하는 구조였다. 쉽게 말하면 횟수 제한이 없는 분양권 전매 거래였다. 포르투 도심 임대용 부동산의 인기가 올라가면서 현지인들에게 이런 형태가 재개발 부동산 투자 방법으로 유행하고 있었다.

포르투갈 이민법에 따르면 우리 가족의 골든비자 취득을 위해서는 내가 지급한 매매대금이 부동산 등기부등본상의 소유주에게 온전히 지급됐음을 입증해야 했다. 그런데 내가 지급하는 매매대금 총액이 최초 주인이 받을 금액과 차이가 나기 때문에 비자 신청 서류 심사에서 문제가 될 가능성이 크다는 것이 바버라의 설명이었다. 우선은 서류 심사 과정에서 문제가 없을지 바버라가 이민국에 문의한 후 최종적으로 결정하기로 했지만, 분양권 투자라는 예상치 못한 복병을 만나니 느낌이 좋지 않았다. 찝찝함을 남긴 채 미팅이 끝났다.

처음부터 모든 것이 순조로울 거라는 기대는 하지 않았지만, 우리 앞에 주어진 과제를 하나둘씩 처리해나가면서 내심 기대를 한 것도 사실이었다. 하지만 결국 미완의 과제를 남기고 포르투를 떠나게 됐다.

돌아가서 잘 마무리할 수 있을까? 내가 여기 없어도 부동산 계약부터 취득까지 아무 문제 없이 잘 진행될 수 있을까? 걱정과 염려가 또다시 스멀스멀 올라오기 시작했다.

마지막 날을 그냥 보내기 아쉬워 우리 가족은 세라도 필라 수도원을 찾았다. 가슴이 뭉클할 정도로 아름다운 도우루강의 석양을 보면서 작년 첫 번째 답사 때 이곳에 와서 했던 생각들을 떠올렸다.

'여기서 꼭 살고 싶은데 한국 집들은 어떻게 팔며, 여기 집은 또 어떻게 구하지?'

그때도 소망만큼 걱정이 많았다. 하지만 꼭 다시 이곳에 돌아오겠다고 다짐했었다. 그리고 지금, 우리는 그때 했던 걱정들을 보란 듯이 이겨내고 이 자리에 다시 와 있다. 그때 나 자신과 한 약속을 지켰다. 갑자기 가슴이 먹먹해졌다. 이 자리에 오기까지 나의 노력 외에도 많은 행운이 따라준 것에 감사했다. 우리가 할 수 있는 모든 노력을 하고 나머지는 우리의 운에 맡긴다는 마음가짐으로, 지금까지 해온 것처럼 묵묵히 앞으로 나아간다면 결국 길이 열릴 거라는 생각이 들었다.

우리 가족 그리고 우리의 여정을 도와주는 사람들을 믿는다면 해낼 수 있을 거라는 희망을 다시 품었다. 그곳에서 나 자신과 또 하나의 약속을 했다.

'걱정하지 말자. 지금 하는 걱정들도 다음에 우리가 다시 이곳에 왔을 때는 아무것도 아닐 거야. 지금까지 그래 왔으니까.'

# 끝날 때까지
# 끝난 게 아니다

지옥 같은 일주일을 보내다

2020년 1월 28일.

귀국하자마자 정신없이 설 연휴를 보내고 일주일이 채 안 된 그 날 밤, 바버라에게서 한 통의 메시지가 도착했다.

"긴급한 소식이에요! 어젯밤에 포르투갈 정부가 리스본과 포르투의 부동산 투자에 대한 골든비자 발급을 곧 종료할 거라고 발표했어요. 만약 이 조치가 승인된다면 당장 3월부터 적용될 것 같아요. 우리에겐 법 개정 전까지 부동산 취득과 비자 신청을 완료할 시간적 여유가 없다는 뜻이에요."

순간 망치로 머리를 세게 얻어맞은 듯했다. 아직 확정된 사안은 아니니 앞으로 어떻게 흘러갈지 좀 지켜보자는 말도, 포르투 말고 다른 지역을 검토하는 건 어떻겠냐는 바버라의 제안도 머릿속에 들어오지 않았다. 그냥 아무 생각도, 아무 대답도 하고 싶지 않았다.

하지만 이미 벌어진 일이었다. 정신을 차리고 이 상황에서 내가 취할 수 있는 최선의 조치는 무엇인지, 포르투를 포기하는 것이 과연 해결책인지 바버라와 이야기를 나눴다. 어찌 됐든 포르투는 포기할 수 없었다. 포르투를 포기한다는 건 그동안 진행해온 모든 과정을 리셋하는 걸 의미했으니까. 이야기 끝에 만약 2월 말까지 모든 부동산 취득을 완료한다면 해볼 만하다는 판단으로 부동산 구입 절차를 최대한 서둘러 진행하기로 했다. 오직 포르투만 보고 달려왔기에 다른 옵션은 생각할 수 없었고, 느리기로 유명한 포르투갈의 법률행정 절차에 일말의 기대를 건 과감한 베팅이었다.

속도전으로 전략을 변경했지만 우리에게는 또 다른 난관이 기다리고 있었다.

다음 날 바버라에게서 또 한 통의 메시지가 날아들었다. 실거주로 고른 주택의 매도인이 계약 체결에 아주 비협조적으로 나온다는 것이었다. 애초에 그 집은 두 가지 문제점을 갖고 있었다. 첫 번째는 아직 완공이 안 된 상태여서 공사가 끝나고 법적 등기까지 마치려면 6월은 돼야 취득을 마무리할 수 있는 상황이었다. 하지만 집이 워낙 마음에 들었기에 그 부분은 감수하고 선택을 했다. 두 번째는 매도인이 운영하는 회사의 명의로 근처의 주택들을 함께 사들여서 한꺼번에 리모델링하는 프로젝트의 매물이었기에, 해당 주택의 원래 소유주와 매도인 간의 관계가 명확하지 않았다. 그래서 이 부분을 추후에 매도인 측 변호사와 협의하여 보완하는 조건으로 협상을 했다. 하지만 막상 계약서 작성에 들어가니 매도인 측은 우리 요청에 적극적으로 협조하지 않았고, 계약서 조항을 조율하는 부분에서 자신들의 요구 조건을 한 치도 양보하지 않았다.

바버라는 경험상 이런 경우는 나중에 리스크가 크니 다른 집을 고르는 게 어떠냐고 조언했다. 게다가 첫 번째 임대용 주택으로 선택한 매물도 이민국 문의 결과 골든비자 취득이 가능한지 명확한 답변을 듣지 못했다며, 이것 역시 다른 주택으로 대체하라고 조언했다.

결과적으로 포르투에 가서 고른 세 건의 매물 중 두 건을 포기하고 처음부터 새로 시작해야만 하는 상황이 됐다. 더 큰 문제는 남은 시간이 얼마 없다는 것이었다. 시간에 대한 압박감이 점차 강해졌고, 나는 나대로 조급해졌다. 매일 밤새도록 바버라, 현지 중개인 친구와 대응 방안을 이야기하느라 시차 적응은커녕 여전히 포르투갈 시간대로 살아야 하는 지옥 같은 나날이었다. 눈 밑의 다크서클이 점점 짙어져 갔다.

연이은 악재에 상황을 차분히 정리해봤다. 앞으로 내가 해야 할 일은 2월 말까지 모든 부동산 구매를 완료하는 것이었고, 지금 결정을 내려야 하는 일은 문제가 있는 두 건의 매물을 포기할 것인가였다. 따져보니 결론이 명확해졌다. 문제가 있는 두 건의 매물을 빨리 다른 것으로 대체해서 2월 말까지 모든 취득을 완료해야 했다. 우리는 서둘러 실거주 및 임대용 주택을 다시 알아보기 시작했다.

다시 포르투로 갈 여유가 없는 상황에서 우리는 실거주 주택으로 차선책을 선택하기로 하고 평가표상 2등으로 선정했던 매물의 매도인에게 연락했다. 확인해보니 다행히 다른 매수인으로부터 제안을 받긴 했지만 아직 합의는 하지 않은 상태였다. 이 집을 무조건 잡아야 했다. 우리는 매도인이 최초 제시한 매도 가격에 합의하고 2월 말까지 잔금을 지급하는 조건을 제시한 후 연락을 기다렸다. 곧 회신이 왔다. 기대했던 대로 매도인은 우리 제안을 수락했다.

임대용 주택은 현지 중개인 친구에게 현재 상황을 알리고 소유권 관계가 깔끔하면서 이미 완공되어 단기임대용으로 운영 중인 매물로 다시 알아봐 달라고 부탁했다. 변호사 미팅을 함께해서 첫 번째 매물에 문제가 있다는 사실을 그도 알았기에 대체할 옵션을 이미 준비해놓고 있었다. 우리는 신속하게 매물 검토에 들어갔다. 그러던 중 때마침 매수인과 매도인 간 제시 가격 차이로 합의가 안 되어 보류 중인 매물이 눈에 들어왔다.

시내 중심가에 있는 2층 스튜디오 형태의 아파트였다. 최초 매도 가격은 14만 5,000유로였는데, 중개인 친구에 따르면 이전 매수인과 줄다리기 협상을 하면서 지친 매도인이 13만 5,000유로에 팔 의향이 있다고 했다. 시내 쇼핑 중심지와 그리 멀지 않았고 바로 건너편에 예술대학교가 있어서 학생들을 대상으로 장기임대로 운영하기에도 괜찮아 보였다. 이미 단기임대로 운영 중이었고 에어비앤비 앱으로 확인해보니 예약 현황과 게스트 평가점수도 만족스러웠다. 다만 우리가 직접 눈으로 확인할 수 없었기에 현지인 친구를 대신 보내서 집 상태를 확인했다. 관광객 숙박 후기에 외부소음이 좀 있다는 내용이 있어서 원인도 함께 알아봐 달라고 부탁했다. 방문 결과 에어비앤비 앱에서 확인한 내부 사진과 동일했고, 외부소음이 나는 건 창문이 나무 재질로 되어 있기 때문이라 이를 플라스틱 소재로 교체할 필요가 있었다. 우리는 바로 협상을 시작했다.

답사 당시 우리가 고른 부동산 3채의 총액은 52만 1,000유로였다. 하지만 새로 고른 실거주 주택 가격을 22만 유로에 합의했기에 골든비자 신청을 위한 최소 조건인 50만 유로를 충족하기 위해서는 나머지 임대용 주택 2채를 28만 유로 이상을 주고 구입해야 했다. 그래서 우리는 새로 고른 임대용 주택을 14만 유로에 구입하되 2,000유로의 창문 교체 비용을 매도인이 부담하는 조건으로 협상을 성사시켰다. 기존에 13만 4,000유로에 합의했던 두 번째 임대용 주택은 50만 유로를 채우기 위해 매도인이 최초 제시했던 14만 유로를 지급하기로 했다. 결과적으로 답사 때 이틀 동안 고생해가며 협상한 보람이 사라진 셈이었다.

2020년 2월 3일.

모든 협상이 완료됐고 서류 검토도 문제없이 끝났다. 사건이 터지고 이를 수습하는 데 정확히 일주일이 걸린 셈이다. 며칠 뒤, 이민법 변경은 설령 시행되더라도 연말쯤으로 예상된다는 이주 업체의 연락을 받았다. 우여곡절 끝에 우리는 첫 번째 고비를 무사히 넘겼다. 하지만 우리 앞에는 여전히 곳곳에 수많은 지뢰가 있었다.

## 취득 절차를 완료한 4주의 과정

협상도 잘 마무리되고 변경된 이민법 시행도 미뤄졌지만 쇠뿔도 단김에 빼라고 하지 않았던가. 또 어떤 변수가 갑자기 등장할지 모를 일이었기에 우리는 애초 계획대로 2월 말까지 모든 취득 절차를 완료하기로 했다. 나는 매주 해야 할 일을 일정표로 작성해서 진행 상황을 꼼꼼하게 챙겼다.

### 2월 1주 차

첫 번째 할 일은 계약서* 작성이었다. 현지 로펌에서 매도인에게 받은 주택 관련 서류를 바탕으로 계약서 초안을 작성한 후, 나와 매도인 측에 전달해서 변경 또는 수정할 사항이 없는지 확인하는 절차를 거쳤다. 이 단계에서 협상을 통해 합의한 내용 외 세부 내용을 조율하고 해당 부동산의 매매 가격에 포함되는 가구 및 집기·비품들의 상세 내역도 확정됐다. 실거주 주택의 경우 기존 합의한 가격

---

* 계약서는 영어로 프로미서리 컨트랙트(Promissory Contract), 포르투갈어로는 꼰트라또 드 프로메사 드 꼼쁘라 에 벤다(Contrato de Promessa de Compra e Venda) 줄여서 'CPCV'라고 부른다.

에 발코니 수리비를 추가로 지급하기로 했는데, 그 액수도 이때 확정됐다. 이렇게 쌍방의 확인 절차를 거쳐 계약 내용이 최종 확정되기까지 약 일주일이 걸렸다.

---

**Tip**

## 혼인 시 포르투갈의 법적 재산 관리

포르투갈에서 부동산을 취득할 때 취득 목적물의 소유권을 단독명의로 할 것인지, 부부 공동명의로 할 것인지 선택할 수 있으며 해당 내용이 계약서에 명시된다. 포르투갈에서는 이 부분이 상당히 중시된다는 느낌을 받았다. 해당 부동산을 처분할 때 공동명의인 경우 매매 계약서에 소유권자 전원이 서명해야 하며, 매매대금도 상호 합의한 결과에 따라 배분해야 한다(단, 위임장에 따라 위임한 경우 위임받은 자가 대리할 수 있음).

실제로 매물 중에 시세보다 훨씬 저렴하게 나온 물건이 있어서 중개인에게 사정을 들어보니 해당 물건이 부부 공동명의인데 부부가 이혼 준비 중이라고 했다. 포르투갈 법에 따르면 공동명의인 집에서 한쪽이 먼저 퇴거할 경우 해당 집에 대한 자신의 소유권을 포기하는 것으로 간주한다고 한다. 그래서 같이 살기 싫어도 집이 팔릴 때까지는 어쩔 수 없이 같이 살 수밖에 없기에 최대한 빨리 팔고자 시세보다 저렴하게 내놓는다는 것이다.

---

## 2월 2주 차

확정된 내용에 따라 계약서 최종 버전이 나왔다. 먼저 매도인이 서명한 후 원본을 현지 로펌에 보내고, 우리 법적 대리인인 로펌 변호사가 서명하는 방식으로 진행됐다. 총 세 건의 계약서가 포르투와 리스본을 왔다 갔다 하다 보니 서명이 모두 완료되기까지 일주일이 걸렸다.

2월 말까지 소유권 이전 절차를 마무리하기 위해서는 일정상 2월 3주까지는 무조건 현지로 부동산 취득대금을 송금해야 했기에 이번 주까지 서명이 완료된 매매 계약서를 확보해야만 했다. 나는 유난스럽다고 할 만큼 중개인 친구와 매도인을 닦달했고, 다행히 서명된 세 건의 계약서를 주말 전에 모두 받을 수 있었다. 골든비자 신청에 필요한 서류도 이때 준비가 완료됐다.

## 2월 3주 차

나는 바로 매매대금 송금 준비를 시작했다. 첫 번째 할 일은 외국환은행을 지정하는 것이었다. 우리는 이주 업체와 상의해서 해외송금 경험이 많고 절차가 까다롭지 않은 은행을 결정했다. 그런데 한 가지 문제가 발생했다. 내가 이미 취득대금 대부분을 환전해놓은 터라 환전 수수료가 주요 수입원인 은행 입장에서 난색을 표하는 것이었다. 다행히 이주 업체가 중간에서 조율해 송금액 외에 추가로 환전하는 조건으로 협의가 이뤄졌다.

해외 부동산 취득대금을 송금할 때 제출하는 서류는 일반적으로 다음과 같다(은행에 따라 요구하는 서류에 다소 차이가 있음).

- **부동산 계약서(서명 포함)**
- **부동산 정보 자료**(매물 사진, 가격, 주소, 면적, 중개인 정보가 포함되어야 함)
- **납세증명서**
- **주민등록등본**(주민등록번호 모두 표시, 제출일로부터 3일 이내의 등본만 인정됨)

우리 사례에서는 첫 번째 임대용 주택이 공동명의, 두 번째 임대용 주택의 매도인이 법인으로 되어 있어 각각 위임장이 필요했기에 법인과 대리서명인의 관계를 입증하는 서류도 추가로 제출했다. 취득 부동산과 관련된 서류들을 먼저 은행에 보내서 검토를 받았다. 며칠 뒤 은행에서 연락이 와서 방문 일정을 잡고 무사히 송금을 완료했다.

부동산 구입에 필요한 금액과 취득 관련 각종 세금 및 부대비용을 합하면 7억 원 정도를 유로화로 환전해야 해서 환율이 아주 중요했다. 증권사에 해외 주식 계좌가 있었던 나는 증권사를 통해 유로화 환전 가능 여부를 확인한 후 은행과 스프레드를 비교했다. 은행 우대환율(송금 기준, 50% 적용)은 매매기준율 대비 스프레드가

±6원이었다. 증권사에서는 기본 스프레드 ±6원에 금액이 클 경우 담당 매니저와 협의하여 추가 우대를 받아 매매기준율 대비 스프레드 ±3원에 환전이 가능했다. 송금할 때의 예상 환율을 1,310원 정도로 설정했기에 평균 환율을 1,300원 아래로 끌어내리는 것을 목표로 환율이 내려갈 때마다 일정 금액 단위로 증권사를 통해 환전했다. 매도한 국내 부동산의 중도금, 잔금 스케줄이 이미 정해져 있었기에 환전 타이밍이 오면 들어올 자금만큼 미리 대출을 받아 환전하고 들어온 돈으로 대출을 상환하는 방식으로 내가 원하는 시점에 원하는 만큼 환전해두었다.

## 2월 4주 차

송금한 돈이 현지 은행 계좌에 무사히 도착했음을 확인하고 현지 로펌에 소유권 이전을 마무리해달라고 요청했다. 매도인과 협의한 결과 임대용 주택은 이번 주에 포르투에서, 실거주 주택은 3월 첫째 주에 리스본에서 소유권 이전을 하는 것으로 일정이 잡혔다.

임대용 주택의 소유권 이전은 로펌의 안토니오 파트리시오Antonio Patricio 변호사가 맡았다. 안토니오는 포르투로 직접 출장을 가서 우리가 구입한 임대용 주택에 대한 소유권 이전을 처리해줬다. 우리가 직접 소유권 이전에 참석할 수 없어서 어떤 식으로 진행되는지 궁금했는데, 중개인 친구가 보내온 짧은 동영상 덕분에 진행 과정을 엿볼 수 있었다.

공증인 사무실에서 매도인, 매수인(우리 측에선 변호사), 중개인, 공증인 이렇게 네 명이 참석해서 진행한다. 우리나라에서는 중개인이 맡는데 공증인이 진행하는 모습이라 흥미로웠다. 공증인이 계약서에 기재된 거래당사자와 부동산에 대한 사실관계 및 세부사항을 확인하고 매수인은 매매대금이 기재된 수표를, 매도인은 부동산 관련 정산 서류와 집 열쇠를 교환하는 것으로 소유권 이전이 마무리됐다. 실거주 주택은 매도인 부부가 직접 리스본을 방문해서 바버라가 소유권 이전을 처리했다.

마침내 우리는 목표로 했던 2020년 2월 말까지 모든 부동산을 취득하는 데 성공했다. 예상치 못한 여러 위기를 잘 극복해서 얻은 성과였기에 더욱 각별했다. 경제적 자유의 꿈을 안고 부동산 투자에 뛰어든 지 2년여 만에 미국 주식을 넘어 해외 부동산까지 투자 영역을 넓힌 나 자신이 자랑스러웠다.

한편, 이 무렵부터 포르투갈도 코로나19 확진자가 발생하기 시작했다. 얼마 안 가서 행정 업무가 마비된 현지 상황을 지켜보며 그렇게 서둘러 취득 절차를 마무리한 것이 천만다행이라는 생각이 들었다. 인생지사 새옹지마라고 했던가.


## 3개월이 걸린 공과금 계정 명의 이전

현지 부동산의 소유권 이전이 끝났다고 해서 모든 절차가 끝난 것은 아니었다. 우리에게는 부동산에 연결되어 있는 여러 가지 비용 계정의 명의를 모두 이전해야 하는 작업이 남아 있었다. 명의 이전이 필요한 부분은 크게 전기, 수도, 가스, 인터넷 같은 공과금과 공동주택의 경우 가구별로 분담하는 공용 관리비였다.

취득한 부동산 개수가 많아서 어느 정도 짐작은 했지만 변경 작업은 무척이나 더디게 진행됐다. 원래 느린 포르투갈의 일 처리 탓도 있지만, 엎친 데 덮친 격으로 코로나19까지 확산되면서 현지 행정 업무가 마비된 것이 더 큰 이유였다. 게다가 명의 변경이 완료된 공과금 고지서들이 하나둘씩 다양한 루트로 날아들면서 뭐가 뭔지 뒤죽박죽이 되어버렸다. 계속 이렇게 두면 안 될 것 같아 진행 현황을 정리했더니 확인해야 할 항목이 열 가지나 됐다. 그렇게 3월부터 시작한 명의 이전 작업은 6월 말이 되어서야 겨우 마무리가 됐다.

예상은 했지만 우리나라에 비해 포르투갈은 일 처리가 상당히 느렸다. 하지만 느린 거야 이미 알고 있었던 사실이다. 가뜩이나 코로나19로 경황이 없는 현지 사정을 고려하면, 그나마 이렇게라도 진행되는 것이 얼마나 다행이고 감사한 일인가 싶었다.

포르투갈 투자이민을 결심한 후 지금까지 오면서 스스로 변했다고 느낀 게 있다. 예전보다 인내심과 마음의 여유를 갖게 됐다는 점이다. 포르투갈이라는 나라를 선택하면서 어느 정도 각오한 부분이기도 했지만, 실제로 경험하고 부딪치는 동안 내가 그렇게 바뀌지 않으면 스스로 많이 힘들어진다는 걸 알게 됐다. 어쩌다 보니 현지 생활에 필요한 마인드를 미리 내면에 조금씩 다져가게 됐다고나 할까. 앞으로 또 어떤 시련이 나를 시험할지 모르겠지만 이 또한 내가 선택한 길이니 잘 감당하면서 헤쳐나가겠다고 다짐했다. 내가 통제할 수 없는 상황에 굳이 스트레스받지 않고 내가 통제할 수 있는 부분에 집중하면서.

2020년 5월.

바버라에게서 한 통의 메시지가 날아들었다. 이번에는 반가운 소식이었다. 우리 가족의 골든비자 신청에 대해 포르투갈 이민국의 예비승인pre-approval을 받았다는 내용이었다. 이제 남은 건 포르투갈 이민국을 직접 방문해서 우리 가족의 신원을 등록하는 절차였다.

나에게 파이어족은 자산가치의 효용을 극대화하는 방향으로
분산투자를 끊임없이 고민한 결과물이었다.
앞으로도 해외 부동산과 미국 주식에서 나오는 현금흐름에 만족하지 않고
가성비 높은 자산을 찾아 분산투자함으로써
현금흐름 파이프라인을 꾸준히 늘려갈 계획이다.

Financial

# 4장

# 3년 만에 순자산 15억, 파이어족의 성공 투자 시크릿

Freedom

3년 만에 순자산 15억,
파이어족의 성공 투자 시크릿

# 분산투자, 현금흐름의 안정성을 높여라

## 파이어족의 성공 공식

다음은 분산투자 관점에서 내가 생각하는 파이어족의 성립 공식이다.

- $ax + by + cz + \cdots \geq lc$

a, b, c는 보유한 각각의 자산[*]을 말하고 x, y, z는 각 자산의 연간 투자수익률을 의미한다. 따라서 ax, by, cz는 1년 동안 각 자산에서

[*] 여기서 자산은 부채를 제외한 순자산을 의미한다.

나오는 순현금흐름이 된다. lc는 연간 생활 비용<sup>living cost</sup>이다. 즉, 보유 자산에서 나오는 총현금흐름이 생활 비용보다 크거나 같은 상태가 계속 유지될 때 파이어족이 될 수 있다는 뜻이다.

현금흐름을 창출하는 자산의 종류가 많을수록, 각 자산의 투자수익률이 높을수록 공식을 충족시키기 유리하다. 강조하고 싶은 것은 개별 자산의 유형이 다를수록 그리고 각 자산의 가치가 움직이는 방향이 상호 독립적일수록 총현금흐름의 변동성 리스크를 줄일 수 있다는 것이다.

다시 말하면 하나의 자산에 투자를 올인해서 나오는 현금흐름보다 독립적으로 움직이는 여러 개의 자산에 분산투자해서 나오는 현금흐름이 훨씬 안정적이라는 뜻이다.

한 자산의 수익률에 부정적인 영향을 미치는 사건이 발생했을 때, 다른 자산도 움직임이 유사하거나 같은 유형이라면 그 영향을 함께 받게 되므로 전체적으로 수익률 저하폭이 커진다. 따라서 전체 보유 자산에서 나오는 총현금흐름 역시 더 많이 줄어든다.

예를 들어 월세 현금흐름을 목적으로 여러 채의 국내 아파트에 투자할 경우, 전월세 상한제 같은 정부의 규제에 노출되는 자산의 규모가 커지면서 총현금흐름에도 부정적 영향을 미칠 수 있다. 이럴 때는 아파트 외에 현금흐름을 창출할 수 있는 미국 배당주나 해외 부동산 등에 분산투자하면 총현금흐름의 변동성은 줄이면서 안정성을 높일 수 있다.

남은 삶 동안 생계유지를 위한 노동과 결별하고자 하는 파이어족의 입장에서 보면, 보유 자산에서 나오는 총현금흐름의 안정성이 가장 중요하다. 현금흐름을 지속적으로 키워가는 것은 그다음 문제다.

## 자산 포트폴리오 조정을 통한 실속 강화

2019년 하반기에 내가 생각한 투자 방향성은 '몸집을 줄이는 대신 실속을 강화하기'였다. 이미 시작된 정부의 부동산 규제 강화와 미·중 무역전쟁 심화로 글로벌 자산 시장의 변동성이 커지고 있음을 실감하고 있었기에 좀더 높은 차원의 분산투자를 통해 자산 포트폴리오를 다변화하면서 부채를 줄이고 현금 유동성을 확보하는 것이 좋겠다고 판단했다. 때마침 찾아온 포르투갈 투자이민은 보다 높은 수익률을 기대할 수 있는 해외 부동산에 투자함으로써 보유 자산의 분산과 더불어 자산가치의 효용을 높일 기회를 제공했다.

자산 포트폴리오의 80% 이상이 국내 부동산이었던 나는 세 가지 목표를 수립했다.

- **자산 포트폴리오 내 부동산 비중 축소**
- **부채 감축 및 유동성 확보**
- **투자 대상 다변화(국가, 통화)**

목표에 따라 계획한 대로 자산 포트폴리오 구조조정을 마무리하는 데 6개월이 걸렸다. 이 과정을 거쳐 기존 국내 자산에서 해외 기축통화 자산 중심의 포트폴리오가 완성됐다. 총자산은 감소했지만 순자산은 증가하면서 내가 생각한 투자 방향성에 부합하는 성과가 나왔다.

## 위기일수록 빛을 발하는 분산투자

앞서 언급했듯이, 미국 주식 투자를 시작할 때 분산투자에 대한 나만의 개념을 정립하면서 나는 다음과 같은 가설을 세웠다.

> 분산투자에서 단계적 고도화란 최종적으로 부동산, 금융자산
> 그리고 국가/통화라는 세 가지 축을 기준으로 매트릭스화된
> 포트폴리오를 구축하는 것을 의미하며, 단계적으로 고도화된
> 포트폴리오일수록 복합적인 리스크 관리에 효과적이다.

포트폴리오 조정을 마친 지 얼마 되지 않아 코로나19가 확산되기 시작했다. 바이러스의 확산으로 생산, 소비, 국가 간 교역 및 인

적 교류가 크게 위축됐고 전 세계적 경기침체에 대한 우려감이 점점 커졌다. 이에 세계 주요 국가들은 선제적 양적완화와 재정지출 확대를 통해 시장을 안정시키고 경기둔화를 막고자 안간힘을 썼다. 글로벌 위기 상황인 만큼 구조조정을 마친 포트폴리오를 통해 내가 세운 가설을 검증해보기로 했다.

내가 정립한 분산투자 개념에 따르면 나의 포트폴리오는 2장에서 언급한 분산투자 단계 중 '3단계: 자산 유형 및 국가/통화의 분산'에 해당했다. 검증 결과, 나의 자산 포트폴리오는 분산투자 단계의 고도화를 통해 네 가지 리스크 관리 측면에서 나름의 효과를 거두고 있었다.

## 1. 세금 리스크 측면

부동산 자산 구성을 국내에서 해외 위주로 변경하면서 목표했던 대로 포트폴리오에서 차지하는 전체 부동산 비중을 60% 이하로 줄였다. 최근 정부 정책에 따라 국내 부동산의 공시 가격과 보유세율이 상승했는데, 국내 부동산 비중을 축소함으로써 세금 부담을 이전보다 줄일 수 있었다. 게다가 앞으로 공시 가격과 보유세가 지속적으로 상승하리라는 점을 고려할 때 추가적인 세금 증가 리스크 역시 효과적으로 줄인 셈이다.

## 2. 자산가치 하락 리스크 측면

기존 원화 자산을 미국 주식과 해외 부동산으로 분산한 결과 현재 포트폴리오를 구성하는 자산의 통화 비중은 외화(달러화 및 유로화)가 65%를 차지하게 됐다. 코로나19 확산에 따른 안전자산 쏠림 현상이 나타나 세계적으로 달러화 수요가 폭증했다. 그에 따라 달러화 강세 현상이 발생하자 달러화뿐 아니라 기축통화로 인식되는 유로화도 원화 대비 강세를 보였고, 해외 기축통화 자산의 평가가치가 크게 늘어났다.

전 세계적인 위기 상황에서는 외화 자산을 보유해 환쿠션 효과를 노림으로써 자산가치의 하락 리스크를 효과적으로 방어할 수 있다는 점을 확인했다.

## 3. 유동성 리스크 측면

국내 부동산을 매각하고 해외 부동산을 취득하는 과정에서 현금 보유량을 늘렸다. 그 결과, 기존 2% 수준에 머물던 유동자산* 비중이 30% 수준으로 늘어났다. 충분한 유동성을 확보하고 있기에 자금의 일시적인 부족으로 원하는 투자 기회를 놓치는 리스크가 줄어들었다.

---

* 현금·예금은 물론이고 1년 이내에 현금화할 수 있는 당좌자산과 재고자산 등을 가리킨다.

코로나19 이후 미국 주식 시장이 하락세로 전환하면서 시장의 파도에 휩쓸려 해변으로 밀려오는 우량 주식들을 주워 담을 수 있는 상황이 오니 여유 자금의 가치를 새삼 느낄 수 있었다. 무엇보다도 필요한 시점에 내가 원하는 만큼 투자를 할 수 있게 된 것, 이른바 투자의 자유도가 높아진 점이 가장 만족스러웠다.

## 4. 채무 불이행(default) 리스크 측면

자산 포트폴리오 구조조정 과정에서 부동산을 매각하고 대출을 상환해 총자산 대비 부채 비중을 16% 수준으로 대폭 줄였다. 신규 대출을 받아 기존 부채를 상환하거나 대출이 여의치 않으면 보유 중인 현금으로 상환할 수 있는 상태이기에 외부 요인에 의한 채무 불이행 리스크가 완전히 제거됐다. 그 덕에 어떤 투자든지 마음 편하게 할 수 있게 됐다는 점이 가장 큰 의미가 있다.

투자에서 내가 중요하게 생각하는 효율성과 리스크를 기준으로 판단했을 때, 분산투자는 자산 운용 측면의 효율성을 높이고 리스크는 줄이는 효과가 있었다. 위기일수록 분산투자는 빛을 발한다는 확신과 함께 나를 파이어족의 길로 이끌어준, 업그레이드된 자산 포트폴리오에 새삼 고마움을 느낀다.

# 비틀어보고, 실행하라

## Twist: 비틀어보자

내가 처음부터 파이어족을 꿈꾼 건 아니다. 적어도 50대까지는 직장 생활을 꾸준히 할 것으로 생각했다. 아니, 그래야만 했다. 은퇴후 우리나라에서 내가 생각하는 경제적으로 윤택한 삶과 여유로운 노후를 보내는 것, 그리고 자녀 교육을 고려할 때 지금까지 모은 자산으로는 아직 부족하다고 생각했다. 2년 전, 부동산 투자에 그토록 몰입했던 이유다.

하지만 포르투갈 투자이민을 계기로 해외 부동산 투자에 눈을 뜨면서 내 인생은 달라지기 시작했다. 내가 추구하는 라이프 스타일, 포르투 현지 물가, 아이 학비 등을 고려해서 필요한 생활비를 산출해봤다. 그리고 배당 순수익률 연 4% 배당주에 여유 자금을 투자한 다고 가정하고 현지에 투자한 부동산과 미국 주식 투자를 통해 창출되는 순현금흐름을 실제로 계산해본 결과, 자산가치 상승에 따른 시세차익을 제외하고도 경제적 독립과 조기 은퇴가 충분히 가능하다는 결론을 얻을 수 있었다.

- 현지 생활비: 월 2,100유로
- 부동산 임대 순현금흐름(7%): 월 1,600유로
- 주식 배당 순현금흐름(4%): 월 500유로
- ∴ 자산 총현금흐름 = 생활비

앞서 제시한 파이어족의 성립 공식 'ax + by + cz + ⋯ ≥ lc'에 따르면, 내가 보유한 총자산의 크기는 고정값으로 두되, 개별 자산(a, b, c)을 바꿔서 투자수익률(x, y, z)을 높이는 동시에 거주 환경을 바꿔서 생활비(lc)는 줄이는 방향으로 자산을 재분배하여 공식을 충족시킨 것이다.

핵심은 자산의 크기가 아니라 자신이 실제로 통제하고 조절할 수 있는 변수를 자신의 라이프 스타일에 맞게 어떻게 최적화하느냐에 있다. 가장 쉬운 변수는 생활비이고 그다음이 투자수익률일 것이다. 자신의 생활 여건과 경제적 상황을 객관화해서 이게 과연 최선인지 하나하나 고민해보고, 최적화할 수 있는 부분을 찾아 바꿔나갈 필요가 있다. 나는 자산을 더 늘리는 대신 거주 환경을 포르투갈로 바꿔서 생활비와 투자수익률을 내가 원하는 방향으로 조절했다. 꼭 가진 자산이 많아야 파이어족이 되는 것은 아니다. 중요한 건 파이어족의 성립 공식에 비추어 현재 자신이 갖고 있는 공식의 변수들을 비틀어보고 때로는 뒤집어보면서 자신이 컨트롤할 수 있는 영역으로 끌어들이는 것이다.

2020년 8월 현재, 서울에서 대개 실거주로 선호하는 잠실 지역의 30평대 아파트 전세 시세는 10억 원 수준이다. 그곳에 전세로 거주하는 이유는 10억 원을 투입하더라도 포기할 수 없는 쾌적한 거주 환경, 편리한 생활 인프라, 학군, 직주(직장·주거) 근접성 등 추구하는 삶의 효용이 있기 때문일 것이다. 내가 포르투갈 투자이민을 통해 쾌적한 생활 환경, 해외에서의 자녀 교육 그리고 경제적 자유를 얻기 위해 투입한 자산은 영주권 수속 비용까지 포함해서 7억 5,000만 원이었다. 그 덕분에 남은 자산을 여유 자금으로 확보해서 심리적 안정감 속에 내가 생각하는 투자를 마음껏 할 수 있게 됐다.

어떻게 하면 내가 보유한 자산가치의 효용을 좀더 높일 수 있을까를 염두에 두고 자산배분과 라이프 스타일을 비틀어본다면 열심히 일하고 투자해서 모은 자산으로 자신이 원하는 삶의 질을 누릴 수 있다. 발상을 전환하는 가운데 문제 해결의 실마리를 발견할 수 있을 것이다.

# Action: 관건은 실행이다

포르투갈 이민에 대한 이야기를 해보면 듣는 사람들마다 공감하는 수준이 각자 달랐다. 내가 가진 현실에 대한 불만족과 문제의식에는 공감하지만 해결책이 과연 이민이냐며 고개를 갸우뚱하는 사람, 이민을 가는 것까지는 충분히 공감하고 시도해볼 생각이 있지만 나름의 현실적인 이유를 들어 망설이는 사람도 있었다. 그처럼 다양한 반응을 보면서 이민을 실제로 행동에 옮기는 사람이 왜 소수인지 이해할 수 있었다.

현실에 불만족을 느끼고 변화를 모색하는 과정까지는 누구나 할 수 있다. 사실 그 단계까지 간 것만 해도 의미 있는 진전이다. 관건은 모색한 바를 과연 실행하느냐이다. 실행으로 넘어가는 지점에 서면 이야기가 좀 달라진다. 내가 실행에 옮기는 순간부터 기존과는 뭔가 다른 변화가 찾아오기 때문이다. 그 변화는 내가 지금까지 경험해보지 못한 새로운 것이다. 익숙한 것이 주는 편안함을 포기하고 가보지 않은 길을 선택하면서 만나게 될 불편함과 두려움에 대한 생각은, 처음 이 길에 들어서게 했던 불만족을 금세 무디게 한다. 새로운 변화를 선택함으로 인해 확실히 포기해야 하는 것들이 아직 알 수 없는 얻을 것보다 더 크게 다가오는 탓이다.

실행하지 못하는 데에는 각자 나름의 이유와 사정이 있을 것이다. 현실이 주는 안락함에서 벗어나 낯선 불편함을 선택하게 되는 임계점은 사람마다 다르다. 때로는 예상치 못한 어떤 사건이 그 임계점을 넘게 하는 방아쇠 역할을 할 때도 있다. 고심 끝에 찾은 변화의 방향이 지금 서 있는 현실과 차이가 클수록 실행은 더 막막하게 느껴진다. 그래서 실행은 언제나 어렵고 힘들다.


## 실행력을 높이는 방법

내가 살아온 인생의 궤적을 잘 아는 사람들은 나보고 실행력이 강하다고 한다. 오죽하면 아내가 '염려 대마왕'이라는 별명을 붙여줄 정도로 잔걱정이 많은 내가 왜 그런 평가를 받는지 궁금했다. 곰곰이 생각해본 결과 그 답은 바로 내 성향에 있었다.

- 안정을 추구하지만 막상 안정감을 느끼면 불만이 생긴다.
- 주관이 강하고 고집이 세다.
- 타인의 성취와 조언을 유연하게 받아들여 내 것으로 만든다.
- 일어나지 않은 일에 대한 잔걱정과 염려가 많다.
- 고민은 길지만 의사결정을 내리면 실행은 아주 빠르다.

원래 사람이라는 동물이 그렇지만 모순적인 부분이 많이 보인다. 하지만 이런 내 성향이 나의 실행력을 단단하게 만들어준 밑바탕이 됐다.

나는 쉽게 만족하지 못했다. 노력해서 얻은 어떤 단계에 올라서면 거기서도 불만족을 느끼고 좀더 나은 뭔가가 없을까 고민했다. 그 과정에서 혼자 이것저것 알아보기도 하고 다른 사람의 경험과 생각을 많이 참고했다. 그런 간접 경험이 어느 시점까지 충분히 쌓이면, 이를 토대로 한 나만의 주관이 확고해지면서 쉽게 꺾이지 않는 고집이 됐다. 여기까지가 불만족에서 변화 모색의 단계까지 스스로 단단해지는 과정이다.

여기서 내 안의 염려 대마왕이 등장한다. 실행을 앞두면 무수한 잔걱정과 염려가 나를 휘감곤 했다. 일어나지도 않은 온갖 예외 상황을 상상하며 어떻게 대응할지 끙끙 앓았다. 그 과정은 고통스러웠다. 그냥 다시 전 단계로 돌아갈 수도 있지만, 나는 멈추지 않고 고민을 거듭했다. 리스크가 있으니 돌아가자는 마음과 이 방향이 확실한데 포기할 수 없다는 마음의 팽팽한 줄다리기 끝에, 남는 결론은 언제나 실행하는 쪽이었다. 그 결심이 서는 순간부터 나는 뒤돌아보지 않고 모든 에너지를 실행에 쏟았다. 그간의 경험을 통해 내가 체득한, 실행력을 높이는 방법은 바로 이것이다.

- **실행에 대한 부담감을 줄이고 자신감을 키운다.**

실행에 대한 부담감을 느낀다는 것은 결국 실행에 따른 리스크를 인지하고 피하고 싶다는 뜻이다. 만약 리스크를 효과적으로 통제할 수 있다면 실행에 대한 부담감이 줄어든다는 뜻이기도 하다. 이런 관점에서 내가 지금까지 활용한 방법은 미리 퇴로를 만들어놓고 저지르는 것이었다.

'교토삼굴狡兎三窟'이라는 고사성어가 있다. '꾀 있는 토끼는 훗날을 위해 굴을 3개씩 파놓는다'라는 뜻으로, 어려운 일에 미리 대비한다는 것이다. 나는 실행하기 전에 내 나름의 굴을 가능한 한 많이 파놓으려고 노력했다. 그것이 물리적인 것이든 심리적인 것이든 상관없었다. 기존과는 다른 뭔가를 시도할 때는, 설령 실패하더라도 실패에서 오는 타격을 최대한 감당할 수 있도록 완충장치를 마련했다. 포르투갈 이민을 실행에 옮길 때 퇴사 대신 육아휴직을 선택했고, 이민 자금을 확보하기 위해 보유한 주택을 전부 매도하는 중에도 집 1채는 남겨두었다. 부동산 투자를 할 때도 똘똘한 1채보다는 지역과 연식에 따라 자금을 분산해서 여러 채의 주택에 투자했다. 내가 직접 통제할 수 없는 것에 대한 불안감은 리스크를 분산함으로써 실행에 대한 부담감을 가능한 한 줄였다. 앞만 보고 달려가면서도 문득 드는 걱정을 뒤에 슬쩍 남겨놓은 작은 퇴로로 흘려보낼 수 있었기에, 나는 흔들리지 않고 계속 나아갈 수 있었다.

'바늘 도둑이 소도둑 된다'라는 속담이 있다. 작은 것이라도 나쁜 짓을 자꾸 하면 나중에는 큰 죄를 저지르게 된다는 뜻으로, 부정적인 행동의 반복을 경계하는 취지로 인용된다. 하지만 오히려 나는 축적된 경험이 주는 자신감의 중요성을 잘 보여주는 말이라고 생각한다.

나는 살면서 경험에도 관성이 있다는 것을 느꼈다. 아무리 작은 것이라도 성공의 경험이 자꾸 쌓이니 스스로에 대한 자신감이 높아졌다. 그리고 높아진 자신감은 이후 선택의 순간이 왔을 때 과감하게 실행에 옮길 수 있는 든든한 심리적 버팀목이 됐다.

이런 생각을 해봤다.

'만약 내가 재수에 실패했더라면 이후 나의 인생은 지금과 비교해서 어떻게 달라졌을까?'

확실한 것은 아마 포르투갈 이민을 실행에 옮기고 지금 이 글을 쓰고 있지는 않으리라는 것이다. 작은 것이라도 실행을 통해 성공의 경험을 쌓는다면, 보다 큰 선택의 기로가 오더라도 자신을 믿고 과감하게 도전할 수 있다.

본격적인 이민 실행을 눈앞에 두고 내가 염려병이 도져서 끙끙 앓고 있을 때 아내가 나에게 한 말이 있다. 그 말 한마디에 나는 훌훌 털고 일어났다.

"어차피 인생 한 번 살다 가는 거야. 왜 그렇게 힘들게 살아?"

# 인생의 목적을 찾아라

## 내가 꿈꾸는 나의 인생

2012년 8월.

섬에 들어가 혼자 사색하는 시간을 좋아했던 나는 여름휴가를 맞아 울릉도로 떠났다. 평소 읽고 싶었던 책 몇 권, 그리고 내 자유로운 생각을 끄적일 노트 한 권이면 충분했다. 그곳에서 혼자 꼬박 일주일을 보냈다. 아침에 일어나 산책을 하고, 낮에는 책을 읽었다. 그리고 밤에는 파도 소리를 들으며 머릿속에 떠오르는 생각을 노트에 남겼다.

그때 나에겐 울릉도 칩거 생활의 목적이 있었다. 회사에서 부서 이동을 한 지 얼마 안 된 시점이었는데, 그동안의 삶을 정리하고 앞으로 내가 살고 싶은 인생의 큰 그림을 그리고 싶었다. 당시 울릉도에서 내가 읽은 책은 장안의 화제였던 《The Secret 시크릿》이었다. 간절히 원하고 생생하게 꿈꾸면 우주의 기운이 그 꿈을 이루어준다는 내용은 인생의 큰 그림을 그리고 간절히 바라면 이룰 수 있다는 희망을 품게 했다. 그때 나는 처음으로 내가 꿈꾸는 삶에 대해 내 안의 나를 불러내 대화하는 시간을 가졌다. 그리고 그때 내 인생의 궁극적인 목적을 정하고 노트에 고이 적어두었다.

> 내가 이 세상에 태어나 쓰고 가는 것보다
> 세상에 남기는 유익이 많은 삶

그런 인생을 살고 싶었다. 나만 행복하게 살다 가는 것보다는 주변의 사람들 그리고 이왕이면 더 많은 사람이 나로 인해 행복해졌으면 했다. 자산 50억을 목표로 잡았다. 20억은 나와 미래의 가족을 위해 쓰고 30억은 자선단체를 통해 사회에 기여하겠다는 꿈을 적었다. 금전적인 부분뿐 아니라 내 삶의 흔적을 통해서도 기여하고 싶었다. 치열한 삶 속에서 얻은 경험과 깨달음을 나눔으로써 사람들의 삶이 더욱 행복해지는 데 도움이 되고 싶었다. 그것이 내가 이 세상에 없었을 때보다 살다 갔을 때 좀더 나은 세상을 만들기 위해 생각한 나름의 방법이었다.

포르투 1차 답사를 마치고 한국으로 돌아오는 비행기 안에서 그간 반복되는 일상 속에 묻어두었던 울릉도의 기억을 조심스레 꺼내 들었다. 그리고 노트에 적어 내려간 내 꿈을 떠올렸다. 파이어족은 분명 나에게 새로운 도전이자 모험이었다. 하지만 우리 가족의 행복을 위해 반드시 성공하고 싶었다. 그리고 포르투갈에서 열게 될 인생 2막의 여정을 통해 나와 같은 고민을 하는 사람들에게 용기와 희망을 주고 싶었다. 그런 의미에서 파이어족은 내 인생의 꿈을 시작하는 출발점이었다.

'내 인생은 내가 바라고 꿈꾸던 대로 흘러가고 있는 걸까?'

마침내 질문에 답했다. 아직 늦지 않았다고. 그러니 이제는 시작해야 한다고.


## 가족의 행복이 우선이다

육아휴직 기간을 이용해서 제주도 한 달 살기를 떠났다. 서귀포시 대정읍의 조용한 마을에서 온전히 우리 가족끼리 서로에게 집중하며 한 달을 보냈다. 행복했다. 가족과 함께하는 일상의 소소한 행복을 느끼며 비로소 알게 됐다. 내가 노력해서 얻은 모든 투자의 결실이 가족을 위해 사용될 때 비로소 진정한 가치를 갖는다는 것을. 제주도에서 보낸 한 달은 포르투에 가면 우리 가족이 어떤 모습의 삶을 살아갈지 미리 경험해볼 수 있는 소중한 기회였다.

**부의 속도**

내가 부동산 투자에 한창 미쳐 있을 때, 아내와 함께 현재냐 미래냐 답이 없는 논쟁을 펼친 적이 있다. 대화 주제가 행복의 조건으로 이어졌고, 이것만큼은 이루고 죽어야 정말 행복할 것 같은 꿈을 각자 찾아보기로 했다. 나름대로 진지하게 고민한 끝에 그때 처음 내 인생의 버킷리스트를 만들었다.

1. 아내에게 '좋은 남편' 소리 듣기
2. 아들에게 '존경하는 아버지' 소리 듣기
3. 가족과 함께 오로라 보기
4. 가족과 산티아고 순례길 완주하기
5. 가족과 디즈니 크루즈 여행하기
6. 경제적 자유를 꿈꾸는 사람들 돕기
7. 난치병 어린이 한 명 후원하기
8. 유기견 돌봄 봉사활동 하기
9. 아내의 가게 차려주기
10. 자서전 쓰기

버킷리스트를 보면서 느꼈다. 내가 꿈꾸는 인생이 어떤 것인지를. 그 인생의 1순위는 바로 가족이었다. 나로 인해 우리 가족의 삶이 다양한 경험을 통해 성장하는 시간으로 채워지고 그로 인해 행복해지는 것, 그리고 아내에게 좋은 남편으로 아들에게 좋은 아버지로 인정받는 것, 그것이 내가 꿈꾸는 인생이자 행복의 근원이었다.

내가 꿈꾸는 인생을 살아볼 수 있는 시간의 자유, 내 인생 버킷리스트의 많은 꿈을 이루게 해줄 기반. 파이어족은 나에게 그런 의미였다.

# 돈을 벌지 말고,
# 부를 쌓는 법을 배워라

## 부를 '빨리' 쌓는 방법은 없을까?

파이어족의 핵심은 결국 돈을 버는 방법으로 귀결된다. 좀더 정확히 말하자면 '부를 쌓는 방법'이다. 더군다나 조기 은퇴를 전제로 하는 파이어족이 되기 위해서는 부를 '빨리' 쌓는 방법을 알아야 한다. 부를 쌓기 위해서는 우선 돈이 어디서 나오는지를 알아야 한다.

　고등학교 경제 교과서를 보면 생산의 3요소라는 개념이 등장한다. 바로 토지, 노동, 자본이다. 이 세 가지 생산 요소를 통해 얻을 수 있는 현금흐름은 다음과 같다.

* **토지: 지대(임대소득 등), 시세차익**

- 노동: 근로소득(임금 등), 사업소득
- 자본: 자본소득(이자, 배당 등), 시세차익

각 생산 요소를 대표하는 자산 또는 활동을 통해 나오는 현금흐름은 일반적으로 다음과 같은 특성이 있다.

- **토지(예컨대 부동산):** 입지가 중요하며 매매 타이밍을 통제하기 어렵다. 인플레이션을 전제로 가치가 지속적으로 상승한다.
- **노동(예컨대 임금):** 자신이 마음대로 통제하기 어렵다. 자신의 시간 및 에너지와 교환함으로써 얻어진다. 근로 가능 연수의 제약으로 지속적 현금흐름 창출에 한계가 존재한다.
- **자본(예컨대 주식):** 매매 타이밍을 통제하는 건 상대적으로 쉬우나 가치 변동성이 크다.

파이어족이 되기 위한 기본 조건은 노동에서 나오는 현금흐름을 토지 및 자본에서 나오는 현금흐름으로 가능한 한 빨리 전환하는 것이다. 파이어족의 핵심은 바로 시간의 자유이기 때문이다. 돈에서 나의 시간이 분리된 상태, 삶의 소중한 시간을 투입하지 않아도 지속적으로 내가 생활할 수 있는 현금흐름이 창출되는 상태가 바로 파이어족의 시작점이다.

결국 시간의 자유를 얻기 위해서는 시간과 교환하는 노동에서 나오는 현금흐름을 다른 생산 요소를 통한 현금흐름으로 얼마나 빨리 대체할 수 있는지가 관건이다. 현재 노동을 통한 급여로 생활비를 충당하고 있다면, 급여를 받는 유한한 시간 동안 토지 및 자본으로부터 나오는 현금흐름을 키워서 '급여〈토지＋자본의 현금흐름'이 되는 시점을 앞당길수록 좋다.

이것을 가능하게 해주는 것이 바로 투자다. 노동이 시간으로 돈을 사는 행위라면 투자는 돈으로 시간을 사는 행위다. 즉, 노동을 통해 자신의 시간을 갈아 넣어 얻은 돈을 투자함으로써 미래의 내 시간을 살 수 있다는 뜻이다.

우리는 자본주의 시대에 살고 있다. 자본주의는 말 그대로 돈이 중심이 되어 돈에 의해 돌아가는 사회 시스템이다. 자본주의는 가혹하다. 심하게 말해서 가만히 앉아 숨 쉬는 것만 빼고 돈이 안 들어가는 데가 없다. 그래도 죽으라는 법은 없는 게, 돈이 있으면 투자라는 수단을 통해 돈을 벌 수 있는 시스템 역시 자본주의다. 이것을 제대로 이해하지 못하면, '열심히 일해서 번 돈을 은행예금에 넣어봐야 마구 치솟는 서울 집값에 비하면 푼돈 모아 푼돈일 뿐이니, 차라리 지금 이 순간의 행복을 위해 아낌없이 쓰자'라고 생각하게 된다.

미국 파이어족의 선구자 그랜트 사바티에 Grant Sabatier가 남긴 말을 한번 생각해볼 필요가 있다. 그는 단돈 2달러 26센트 잔고를 5년 만에 100만 달러로 만들었다.

"사람들은 돈을 모두 잃을까 봐 투자를 두려워합니다. 하지만 전혀 그렇지 않아요. 저는 수입의 80% 이상을 투자해서 돈이 돈을 벌게 했습니다."

부를 쌓는 방법은 많다. 본업 외에 부업을 해도 되고 사업체를 운영할 수도 있다. 하지만 자신이 투입해야 하는 시간과 에너지를 생각할 때 투자만큼 부를 빨리 쌓는 방법은 없다. 결국 부를 효율적으로 '빨리' 쌓기 위해서는 반드시 투자자가 되어야 한다.

투자라는 한자는 '던질 투投'와 '자본 자資' 자로 되어 있다. 말 그대로 돈을 던지는 것이다. 파이어족의 관점에서 이 단어의 의미를 좀더 확장해보면 이렇게 해석할 수 있다.

> 돈을 갖고 있으면 자유로울 수 없다.
> 돈을 던져야 돈으로부터 자유로워진다.

누가 그랬던가. 비워야 채울 수 있다고. 돈이 들어오면 갖고 있지 말고 돈을 담는 그릇에 던져버려라. 그릇이 대신 돈을 불리는 동안 당신이 할 일은 오직 그릇에 언제 빨대를 꽂을지 결정하는 것이다. 이것이 자본주의의 노예가 아닌 주인으로 사는 방법이다.

# 종잣돈을 '빨리' 만들어라

다들 어릴 때 눈사람을 만들어본 추억이 있을 것이다. 단단한 눈 뭉치를 만든 다음, 이걸 눈밭에 계속 굴리면서 점점 크게 만들어 눈사람을 완성한다. 투자 역시 눈 뭉치를 굴려 점점 크게 만들어나가는 것과 비슷하다. 최초에 눈 뭉치를 크고 단단하게 만들수록 눈 뭉치의 표면적이 커지면서 더 빨리 더 쉽게 눈 뭉치를 키울 수 있듯이, 투자에서도 종잣돈seed money의 규모가 클수록 부를 더 빨리 키울 수 있다. 적은 돈으로는 달라붙는 돈도 적지만 큰돈에는 달라붙는 돈도 커지는 것이 돈의 성질이다. 따라서 자신이 필요로 하는 최소한의 목표 금액만큼 종잣돈을 마련하는 것이 투자의 출발점이다. 물론 각자 처한 경제적 상황에 따라 필요한 종잣돈의 최소 규모는 차이가 있을 것이다. 그렇지만 무주택자 입장에서 실거주 1채 구입에 필요한 자금을 고려한다면, 조달 가능한 레버리지를 생각할 때 필요한 종잣돈의 규모가 최소 2~3억 원은 되어야 한다.

## 종잣돈 만드는 방법

종잣돈은 어떻게 만들 수 있을까? 사람들이 처한 환경에 따라 종잣돈을 만드는 방법과 속도는 차이가 난다. 하지만 종잣돈을 만드는 기본 원리는 아주 간단하다. 그것은 바로 쓰고 남은 돈을 계속해서 축적하는 것, 즉 '수입 〉 지출' 상태를 꾸준히 지속하면서 남는 돈을 계속 모아가는 것이다.

여기서 사람들이 취할 수 있는 전략은 크게 세 가지다.

첫 번째, 수입을 계속 늘려가는 것이다. 사업을 잘 운영해서 들어오는 현금흐름을 늘려가거나, 직장에서 열심히 일해서 연봉을 올리거나 보너스를 더 받는다. 부업으로 추가적인 수입원을 마련한다.

두 번째, 지출을 줄이는 것이다. 자신의 생활비 중 불필요한 부분이나 변동비 항목을 줄인다.

세 번째, 수입에서 지출을 제외한 나머지 돈을 굴리는 것이다.

보통 첫 번째와 두 번째는 누구나 인지하고 있고 열심히 노력해서 나름의 방법을 찾는다. 즉, 수입에서 지출을 뺀 나머지 돈을 최대한 키우려는 노력을 한다. 하지만 세 번째에서 비효율적인 선택을 함으로써 자신의 소중한 시간을 낭비하는 경우가 많다.

나도 사회 초년생 시절에 그랬지만, 대부분 사람은 수입을 원하는 만큼 꾸준히 늘리기가 현실적으로 어렵기 때문에 자신이 통제할 수 있는 유일한 항목인 지출을 최소화하는 데 집중한다. 사고 싶은 것 안 사고 먹고 싶은 것 안 먹고 허리띠를 졸라매 남긴 돈을 가지고, 재테크를 한다면서 은행에서 홍보하는 각종 금융상품을 기웃거리며 얼마 차이도 나지 않는 은행 금리를 비교한다. 그러다가 주변에서 어떤 상품에 투자해 돈을 벌었다는 소문을 들으면 제대로 알아보지도 않고 덥석 가입해서 피땀 흘려 모은 소중한 돈을 아주 쉽게 잃기도 한다.

투자를 통해 부자가 되는 사람과 그러지 못하는 사람의 차이는 바로 세 번째에서 생겨난다. 즉, '수입−지출'로 모은 돈을 얼마나 효과적으로 그리고 효율적으로 굴리느냐의 차이다.

### 왜 종잣돈을 빨리 만들어야 할까?

현재 세계 각국은 양적완화를 내세우며 경쟁적으로 돈을 풀고 있다. 코로나19의 세계적 유행 이후 그 속도가 더 빨라져 시중에 풀리는 돈은 날마다 기하급수적으로 늘고 있다. 2020년 8월 현재 한국은행의 기준금리는 0.5%다. 앞으로 외부 충격이 와서 환율을 방어하기 위해 울며 겨자 먹기로 금리를 인상해야 하는 상황이 아니라면 계속 금리를 내릴 가능성이 아주 크다. 저금리 시대가 왔다는 뜻이다. 이런 와중에 전통적인 방법으로 종잣돈을 만든다고 가정해보자.

첫 번째, 수입을 늘리기 위해서는 어쨌든 더 열심히 일해야 한다. 회사 실적이 좋아야 보너스가 나오고 연봉도 올라가니 말이다. 원치 않는 야근에, 사내정치에, 동료 간 경쟁도 해야 한다. 그런데 설령 그렇게 한다고 하더라도 보너스나 연봉 인상은 자신이 통제할 수 있는 영역이 아니다.

두 번째, 지출을 줄이기 위해서는 불필요한 비용을 줄여야 한다. 외식 안 하고, 옷 덜 사 입고, 아이 교육비도 줄여야 한다. 그런데 과연 그렇게 계속 살 수 있을까? 내가 무엇 때문에 이렇게까지 해야 하나 싶은 자괴감을 느끼기 십상이다. 더 큰 문제는 그렇게 해서 줄일 수 있는 지출도 결국 한계가 있다는 점이다.

세 번째, '수입-지출'에서 나온 돈을 굴리기 위해서 그나마 금리가 조금이라도 더 높은 저축은행에 예·적금을 붓는다. 이렇게 저축해서 종잣돈을 만들 수 있을까? 물론 만들 수는 있다. 다만 아주 긴 시간을 대가로 지불해야 한다. 1년, 2년 예·적금 이자를 받기 위해 돈을 묶어두고 만기가 된 시점에 찾아보면 이자가 쥐꼬리만큼 붙었음을 알게 된다. 그나마 여기에조차 어김없이 소득세가 매겨지는데, 이를 차감하고 남은 계좌잔고를 보면 허탈감을 느끼게 된다.

경제학에 기회비용이라는 개념이 있는데, '어떤 선택을 했을 때 포기하게 되는 기회의 가치'를 의미한다. 자신이 여유 자금을 1년 동안 예·적금에 예치해서 2% 미만의 이자수익을 얻었다면, 그 1년 동안 다른 자산에 투자해서 얻을 수 있었던 20~30% 수익이 바로 기회비용이 된다. 게다가 젊은 시절이라고 한다면 그만큼 잔여 수명이 많이 남았다고 할 수 있다. 그런 측면에서 투자의 시간 복리를 고려하면 중장년 시절 1년의 시간 가치와는 비교도 할 수 없을 정도로 가치가 훨씬 크다. 결국 예·적금에 돈을 예치한 선택으로 실제 입게 된 경제적 손실은 상상할 수 없을 정도로 커지게 된다.

부동산 가격은 하늘 높은 줄 모르고 계속 치솟고 있다. 이제 서울을 포함하여 수도권 아파트에 투자하려면 자신이 사용할 수 있는 레버리지를 고려하더라도 최소 2~3억 원의 종잣돈이 필요하다. 게다가 이제 대출 규제가 더 강화되어 투자에 필요한 종잣돈의 규모도 더욱 커졌다. 그런데 어느 세월에 은행에서 파는 예·적금 등 금융상품으로 돈을 불릴 것인가?

종잣돈을 만드는 게 중요한 것이 아니라 목표로 하는 종잣돈을 얼마나 '빨리' 만들 수 있느냐가 중요한 시대가 됐다. 이제는 종잣돈을 모은다는 관점에서 벗어나야 한다. 종잣돈도 투자를 통해 만들어야 한다는 뜻이다. 물론 투자에는 리스크가 따른다. 하지만 그 리스크를 잘 인지하고 관리하면서 돈이 붙는 자산에 투자하면 종잣돈을 빨리 만들 수 있다.

## 종잣돈을 빨리 만드는 방법은?

'헬리콥터 머니'라는 말을 들어본 적이 있을 것이다. 미국의 경제학자 밀턴 프리드먼Milton Friedman이 처음 제시한 개념으로, 마치 헬리콥터에서 돈을 뿌리듯 일반 대중에게 돈을 나눠준다는 뜻이다. 현실적으로는 중앙은행이 자국의 경기 부양을 위해 직접 양적완화 정책을 펼치는 것을 의미한다. 중앙은행은 통화 발권력을 바탕으로 다양한 수단을 동원해 시중에 통화 공급량을 대폭 늘린다. 이렇게 통화량이 늘면 자국 화폐의 상대적 가치가 하락하면서 제조업 및 수출 경쟁력이 향상되는 효과를 누릴 수 있다.

현재 전 세계는 미국을 비롯하여 모든 나라가 경기 부양을 위해 경쟁적으로 양적완화에 나서 시장에 돈을 마구 뿌려대고 있다. 지금 언론에 흔히 나오는 미·중 무역전쟁이니 환율전쟁이니 하는 현상의 이면에는 바로 이 '헬리콥터 머니'로 불리는 양적완화 정책이 있다.

이렇게 하늘에서 돈이 마구 뿌려지고 있는데, 우리는 어떻게 대응해야 이 돈들을 최대한 많이 주워 담을 수 있을까? 하늘에서 떨어지는 돈을 이리저리 뛰어다니며 그냥 손으로 잡아봐야 많이 갖지도 못하고 힘만 들 것이다. 호모 하빌리스Homo Habilis라고 했던가. 인간은 도구를 사용할 줄 아는 동물이다. 돈을 담을 때도 도구를 사용하는 지혜가 필요하다.

떨어지는 돈을 담을 그릇이 필요하다. 시간이 지나면 그릇이 저절로 커지면서 그 안에 담긴 돈도 함께 불어나는 마법의 그릇 말이다. 이왕이면 큰 것으로 갖고 있으면 좋고, 크든 작든 이왕이면 많을수록 좋다. 이 그릇이 바로 자산이다. 큰 그릇은 부동산이고 작은 그릇은 주식이다. 결국 투자를 통해 가능한 한 많은 부동산과 주식을 보유해야 한다는 뜻이다.

종잣돈을 빨리 만들기 위해 부동산 투자를 한다고 하지만, 말처럼 쉽지가 않다. 보통 부동산을 좋아하는 우리나라 사람들은 갖고 있는 종잣돈을 더 빨리 불리고 싶어서 갭 투자나 분양권 투자를 많이 한다. 하지만 이를 무사히 성공시키기 위해서는 일정량의 시간과 기회비용을 투입해야 하며, 더욱이 현재 정부의 부동산 시장에 대한 관점을 고려할 때 예상치 못한 정책 리스크가 크다. 이런 점을 생각한다면 그렇게 안전한 방법은 아니다. 종잣돈을 빨리 모으는 것보다 더 중요한 것은 종잣돈을 잃지 않는 것이다.

이런 관점에서 현재 국내외 경제 상황과 투자에 따르는 리스크를 고려할 때 종잣돈을 빨리 모을 수 있는 최선의 방법은 미국 주식에 투자하는 것이다. 경제적 자유를 꿈꾸는 파이어 운동이 왜 미국에서 최초로 시작됐는지 생각해보면 그 이유를 짐작할 수 있다. 그들이 조기 은퇴와 경제적 자유로 가는 사다리로 선택한 것이 바로 미국 주식이었다.

## 나만의 성공 투자 로드맵

내가 만약 근로소득과 대출을 포함해서 아직 실거주 자가를 구입할 여건이 되지 않거나 이제 막 투자를 시작하는 사회 초년생이라면, 파이어족이 되기 위한 투자 로드맵을 다음과 같이 수립할 것이다. 지금부터 소개하는 다섯 단계의 과정을 잘 활용하여 보유 자산에서 나오는 현금흐름이 노동소득을 넘어서는 시점을 맞이하기를 기대한다. 그때가 바로 진정한 파이어족의 시작이다.

### 1단계: 종잣돈의 크기를 키워라

우선 작은 그릇(주식)부터 마련해서 돈을 담아가며 그릇의 개수를 늘려가는 것이다. 지금 시점에서 중요한 것은 현금흐름이 아니라 종잣돈의 크기를 키우는 것이므로, 미국 주식 중에서 주가 상승의 폭이 크고 속도가 상대적으로 빠른 시가총액 상위 성장주 위주로 포트폴리오를 구성하여 집중적으로 투자한다. 동시에 리스크 관리 차원에서 미국 채권, 금 ETF 같은 안전자산을 일정 비율 가져간다. 각자의 리스크 성향에 따라 차이가 있겠지만 보수적으로 접근한다면 성장주와 안전자산의 비중을 7:3 정도로 유지하면서 전체 포트폴리오의 규모를 키우는 데 중점을 둔다. 보유 종목의 주가가 상승할 때에는 무리한 추격 매수를 자제하고 중간중간 주가가 다소 하락할 때 매수하여 보유량을 늘려간다.

만약 '나스닥 일간지수 −3%'처럼 자신이 정한 기준에 비춰서 증시의 큰 하락이 있을 경우에는 기존의 성장주:안전자산의 보유 비중을 조정해서 포트폴리오의 급격한 가치 하락을 방어한다. 예를 들면, 성장주를 일부 매도하고 안전자산을 추가매수하면서 성장주와 안전자산의 비중을 7:3에서 3:7로 바꾸는 것이다. 여기서 중요한 점은 하락장에서 주가의 움직임과 반대로 움직이는 안전자산을 찾아 그쪽으로 투자자금을 신속하게 이동시키는 것이다. 이후 증시가 안정세에 접어들었다는 판단이 들면 다시 기존 비중으로 리밸런싱rebalancing●을 실시한다. 자산을 불리는 것보다 더 중요한 것은 소중한 종잣돈을 잃지 않는 것이다.

● 운용하는 자산의 보유 비중을 재조정하는 것

투자자금은 자신의 소득에서 생활에 필요한 최소 지출을 뺀 여유 자금을 활용하되, 적립식으로 분할매수한다. 이때 중요한 것은 자신의 투자 성향에 맞는 매매 기준을 만들어 지키는 것이다. 예를 들어 분산투자와 분할매매를 원칙으로 삼는다면, 여유 자금이 월 100만 원일 경우 이를 해당 월의 투자 한도로 두고 성장주에 70만 원, 안전자산에 30만 원을 투자한다. 매수 시점은 주가가 전일 대비 1% 이상 하락할 때로 삼고 매수 한도는 하루에 25만 원을 넘지 않는 것으로 정해놓고 주식을 매수하는 것이다. 만약 좀더 리스크에 민감한 성향이라면 이 중 80만 원을 해당 월의 투자자금으로 삼고 보유 비중에 맞게 주식을 분할매수하되, 20만 원은 만약을 대비해 남겨둘 수도 있다. 이는 변동성이 심한 주식 투자의 특성을 고려하여 만약의 사태에 대비하는 방법으로, 주가가 큰 폭으로 하락했을 때 안전마진을 확보하면서 좀더 낮은 가격에 추가매수를 하거나 투자에서 심리적 안정을 유지하게 하는 장치가 된다.

## 2단계: 우선 큰 그릇을 마련하라

종잣돈을 만들었다면 근로소득으로 충분히 이자를 감당할 수 있는 선에서 대출을 일으켜 이것까지 합친 자금으로 실거주 1채라는 큰 그릇(부동산)을 마련한다. 실거주로 강남 같은 서울 핵심 지역 아파트가 좋은 건 누구나 인정한다. 하지만 집은 서울 아파트만 있는 것이 아니다. 예를 들어 아파트를 살 경제적 여건이 안 된다면 굳이 아파트만 바라보며 시간을 흘려보낼 것이 아니라 입지와 직주 근접성 그리고 주변 인프라 측면에서 실거주에 나쁘지 않은 빌라를 구매하는 것도 생각해볼 수 있다.

중요한 점은 어떤 수단과 방법을 통해서든 자신의 거주 비용을 통제하는 것이다. 우리나라의 경우 거주 비용의 증가폭이 미국 주식 투자를 통해 기대할 수 있는 자산가치의 증가폭보다 훨씬 크다는 점을 인식해야 한다. 예를 들어 거주하고 있는 집의 전세보증금이 2년 뒤에 1억 더 상승했을 경우 이를 충당하는 데 필요한 미국 주식 투자수익률은 종잣돈 2억을 기준으로 50%에 달한다. 즉 최소 1년에 25% 이상의 투자수익률을 거두어야 한다는 뜻인데, 이는 결코 쉬운 일이 아니다. 월세도 마찬가지다. 부담해야 하는 월세가 늘수록 투자자금은 줄어들고, 그만큼 허공에 날려버린 투자수익도 늘어나게 된다.

파이어족으로 가는 여정은 거주 비용을 통제하는 것에서 시작된다. 이를 위한 가장 확실한 방법은 주택의 유형보다 거주의 효용에 구매 기준을 두고 실거주 1채를 빨리 마련하는 것이다.

### 3단계: 현금흐름이 가능한 해외 기축통화 자산에 투자하라

실거주 1채를 마련했다면 이제는 나의 투자 성향과 여건에 따라 꾸준히 작은 그릇과 큰 그릇을 모아가는 것이다. 파이어족이 되기 위해서는 안정적인 현금흐름 창출이 필수적이므로 앞으로 가치가 꾸준히 상승하면서 환차익에 더해 현금흐름도 가져다줄 수 있는 해외 기축통화 자산 위주로 투자한다. 예를 들어 미국 주식에 투자한다면 자신의 투자 성향을 고려하여 성장주·배당주·안전자산을 일정 비율로 나눠서 포트폴리오를 구성하고, 배당률이나 배당 성장률이 높은 주식의 비중을 늘리는 방향으로 리밸런싱을 지속해 배당을 통한 현금흐름과 자산의 규모를 안정적으로 키워나간다. 만약 부동산에 투자할 생각이라면, 현시점에서는 국내 투자 여건이 좋은 편이 아니므로 국내에 비해 투자수익률이 높고 안정적인 현금흐름을 창출할 수 있는 해외 기축통화 부동산에 투자한다.

## 4단계: 실물 자산에 분산투자하라

현금흐름을 어느 정도 만들었다면 자산가치의 변동성 리스크를 효과적으로 관리하고 향후 유동성 증가에 따른 화폐 가치 하락에 대응해서 보유 자산의 가치를 증가시킬 목적으로 좀더 다양한 자산에 분산투자를 고려할 수도 있다. 이때 투자를 고려할 수 있는 자산이 바로 금, 은 같은 실물 자산이다. 역사적으로 금과 은은 본연의 희소성으로 인해 지폐가 등장하기 전부터 가치 저장 수단으로 사용되며 화폐의 역할을 해왔다. 최근 전 세계적인 유동성 증가 트렌드 속에서 하락하는 화폐 가치를 상쇄하려는 목적으로 투자자들의 수요가 증가하면서 금과 은 가격이 꾸준히 오르고 있다.

앞으로도 금과 은의 희소성은 계속 유지될 것이므로 전체 자산 포트폴리오 중 일정 비율로 실물 금과 은을 꾸준히 모아가는 것도 화폐 가치 하락으로부터 보유 자산의 가치를 지키는 훌륭한 전략이 될 것이다.

## 5단계: 해외 부동산에 투자하라

해외 부동산은 각종 세금 혜택과 매력적인 투자수익률 그리고 자산의 분산 효과 등 장점도 많지만 투자 판단에 필수적인 입지, 수요와 공급 측면의 분석에 한계가 있다는 면에서 투자에 따르는 리스크가 큰 자산이기도 하다.

해외 부동산 투자에서 가장 중요한 판단 기준은 투자의 수익성과 안전성이다. 우선은 그만한 리스크를 감수하고서라도 투자를 할 만큼의 수익성이 확보되어야 한다. 투자의 목적은 임대를 통한 현금흐름 창출 또는 시세차익 등 저마다 다를 수 있겠지만, 결국 핵심은 부동산의 수요와 공급이다. 해당 부동산의 입지적 가치가 있는지, 수요 대비 공급이 적은지 그리고 수요가 앞으로도 꾸준히 늘어날 수 있는지 판단하는 것이 가장 중요하다. 이를 위해서는 현지 답사를 통해 시장과 매물을 직접 눈으로 확인해야 한다.

또한 해외 부동산의 경우 거래통화가 외화이므로 해당 외화가 원화 대비 경쟁력이 있는지 판단하는 것도 중요하다. 그러려면 해당 국가의 경제 및 산업 구조를 종합적으로 이해해야 한다. 안정적인 현금흐름 창출이 중요한 파이어족의 입장에서 볼 때, 꾸준한 관광

수요가 뒷받침되면서 관광객을 대상으로 한 임대사업 인프라가 구축되어 있는 국가 그리고 이왕이면 기축통화를 사용하는 국가의 핵심 관광 지역 부동산이 가장 진입이 용이한 투자 상품이 될 것이다.

나의 경우를 예로 들 수 있다. 내가 포르투 부동산에 임대수익 창출을 목적으로 투자를 결심한 이유는 크게 두 가지였다.

첫 번째는 관광 산업에 기반을 둔 꾸준한 임대 수요였다. 특히 포르투의 경우 관광 목적의 외부 인구 유입이 많은 도시라는 점과 주요 관광 포인트가 도심에 집중되어 있다는 점에 주목했다. 늘어나는 관광객 임대 수요에 맞춰 도심 부동산 재개발을 통한 공급이 늘어나고 있었지만, 균형 있는 개발을 추구하는 포르투 당국의 계획과 제한적인 개발 가능 면적으로 인해 관광객들이 주로 찾는 도심 핵심 지역의 임대용 부동산의 공급을 늘리는 데에는 한계가 있었다. 결과적으로 입지가 뛰어난 지역의 물건을 구매한다면 어느 정도 수익의 안정성을 확보할 수 있겠다는 판단이 들었다.

두 번째는 포르투갈의 경제력 대비 강한 통화 가치로 인해 부동산의 가치가 상대적으로 저평가되어 있다는 점이었다. 포르투갈은 프랑스·독일·이탈리아 같은 유럽 주요 국가에 비해 경제력은 부족한 편이지만, 유럽연합의 일원으로 유로화를 통화로 사용하면서 상대적으로 저렴한 물가 수준과 자산 가격을 유지하고 있었다. 많은 유럽인이 은퇴 후 이주를 위한 부동산 투자 또는 여행 목적으로 포르투갈을 꾸준히 찾는 이유도 바로 여기에 있다. 유럽인 입장에서 보면 포르투갈 부동산은 가격이 상대적으로 저렴하면서 수익률은 높은 매력적인 투자 상품인 셈이다. 나는 임대수익을 유로화로 얻기에 기축통화 현금흐름이라는 점에서 충분한 메리트가 있다고 판단했다.

한편 투자의 안전성 측면에서 현지에 투자한 부동산의 안정적인 운영 및 관리를 위해 법률, 세무, 운영관리 분야에서 신뢰할 수 있는 현지 전문가 네트워크를 반드시 확보해야 한다. 그래야 투자에 따르는 리스크를 효과적으로 관리하면서 투자의 수익성과 안전성이라는 두 마리 토끼를 잡을 수 있다.

이제 준비는 끝났다. 오직 실행만이 남았다.


## 스피드만큼 방향성도 중요하다

결혼을 하고 아이를 낳아 키우다 보면 누구나 그렇듯 가장의 책임감은 어떻게 하면 우리 가족의 안정적인 삶, 더 나아가 경제적으로 여유 있는 삶을 지속적으로 유지할 수 있을지에 대한 고민으로 나를 이끌었다. 내가 찾은 길은 경제적 자유였고 이것을 얻기 위해서는 현재 근로소득을 바탕으로 투자를 통해 어떻게 자산을 불려나갈지에 대한 지식, 통찰력 그리고 방향성이 필요했다. 나는 곰곰이 생각했다.

'복잡계 세상에서 어차피 모든 사물과 사건의 이치를 직접 경험을 통해 스스로 깨닫는 것은 불가능해. 그래서 사람들은 타인의 경험

과 생각, 즉 간접 경험을 이용해서 자신의 세계관과 투자 철학을 보완해가는 것 아닐까?'

제대로 투자를 해본 적이 없는 상황에서 내가 선택한 것은 간접 경험이었다. 나는 투자 관련 책과 인터넷에 넘치는 정보를 활용하여 나보다 투자 경험이 많은 사람의 식견과 노하우를 배우기 시작했다. 하지만 그것은 온전히 내 것이 아니었다. 세상을 바라보는 시각, 경제적 여건, 보유 자산, 투자 목표 등 모든 것이 나와는 달랐기 때문이다. 내가 모두 직접 경험해보지 못했다는 점에서 불완전한 건 마찬가지였다.

이 점을 깨닫고 나는 어떻게 투자해야 내가 만족할 수 있을까를 고민하기 시작했다. 투자의 기준을 타인이 아니라 나에게 두어야 했다. 어차피 100% 완벽한 투자의 길은 없으니 내 성향을 이해하고 그에 맞는 나만의 투자 세계를 만들어가야 한다는 것을 깨달았다. 그래야 결과가 어떻든 스스로 받아들일 명분이 생길 테니.

그간 습득한 다양한 지식과 정보를 나만의 투자 스타일에 접목해 투자를 실행에 옮겼다. 경험이 쌓여가면서 생기는 시행착오를 토대로 투자의 방향성과 전략을 다듬어가는 동안 나만의 투자 세계는 점점 견고해져 갔다. 아직 진행형이지만 내가 가고 있는 투자의 길에서 나 스스로 불안하지 않다는 점에 만족하고 있다.

나이에 비해 누구보다는 느리고, 누구보다는 빠를 수 있지만 무엇보다 중요한 것은 나에게 맞는 방향으로 꾸준히 걸어가는 것이다. 나에게 맞는 방향이 무엇인지 어떻게 알 수 있느냐고? 지금 내가 하고 있는 투자에서 불안하지 않고 마음이 편하다면, 그것이 나에게 맞는 방향이다. 그런 심리적 평정심은 투자에 필연적으로 따라오는 리스크를 인지하고 관리할 방법과 대응책을 이미 갖고 있을 때 찾아온다.

## 나에게 맞는 투자 방향성 체크리스트

| 구분 | 내용 | 답변 |
|---|---|---|
| 1 | 평소 위험에 대한 나의 성향을<br>정확히 알고 있다. | 예 / 아니요 |
| 2 | 투자를 결정할 때 예상되는<br>리스크가 무엇인지 안다. | 예 / 아니요 |
| 3 | 투자 시 예상되는 리스크에 대한<br>구체적인 대응 방안을 갖고 있다. | 예 / 아니요 |
| 4 | 내 성향이 반영된 나만의 투자 원칙과<br>구체적 방법론을 갖고 있다. | 예 / 아니요 |
| 5 | 현재 내가 하고 있는 투자의 방향성을<br>의심하지 않는다. | 예 / 아니요 |
| 6 | 내 투자 성과를 남의 것과 비교하며<br>스트레스받지 않는다. | 예 / 아니요 |
| 7 | 투자(예컨대 주식)에 나선 이후 온갖 걱정 탓에<br>일상에 집중하기 어렵거나<br>잠을 못 자는 경우는 없다. | 예 / 아니요 |

\* 위 항목 중 6개 이상 '예'를 선택했다면, 자신에게 맞는 마음 편한 투자를 하고 있을 가능성이 크다.

# 지금 당장 경제적 자유를 꿈꿔라, 그리고 실행하라

육아휴직을 쓰고 난 뒤로는 TV를 잘 보지 않게 됐다. TV를 볼 시간이 없을 만큼 할 일이 많아진 것도 있지만, 소재가 단조로워져 볼만한 프로그램이 별로 없기 때문이다. 어느 채널을 틀어도 '먹방'이나 '트로트' 프로그램이다. 그런데 문득 '왜 요즘 프로그램들은 먹방과 트로트 일색일까?' 하는 생각이 들었다. 내 나름의 고찰 끝에 내린 결론은 이렇다.

'먹고 마시고 즐기는 것에 집중하게 만드는 것.'

먹고 마시고 즐기고 싶다는 것은 인간이 느끼는 가장 기본적이고 원초적인 욕구다. 에이브러햄 H. 매슬로Abraham H. Maslow의 욕구 단계 이론*에 따르면 가장 낮은 1단계 수준인 '생리적 욕구'에 가깝다고 볼 수 있다. 인간의 오감을 충족시키는, 이른바 인간의 입과 눈과 귀를 즐겁게 하는 것들이기에 말초적이다. 흥미로운 건 이런 욕구들은 충족을 통해 행복을 느끼는 데 오래 걸리지 않는다는 점이다. 게다가 돈도 그다지 많이 들지 않는다. 현실의 벽에 부딪힌 사람들이 스스로 욕구 충족 단계를 낮추는 트렌드를 미디어가 정확히 포착해서 이에 부응하는 것일까? 아니면 사람들이 보다 고차원적인 욕구에 관심을 갖는 것을 미디어가 교묘하게 차단하는 것일까?

나는 후자라고 생각한다.

언제부터인가 '소확행'이라는 개념이 대세가 됐다. 그만큼 '소소하지만 확실한 행복'을 추구하는 사람들이 많아졌다는 뜻이다. 소확행에는 두 가지 현상이 숨어 있다. 보다 크고 높은 차원의 욕구를 충족함으로써 행복감을 느끼기가 점점 어려워지고 있는 현실 그리고 '확실한' 행복을 찾아야 할 만큼 살면서 행복감을 느끼기가 쉽지 않아진 현실이다. 소확행은 돈을 많이 쓰지 않고 누릴 수 있는 행복이기에, 그리고 자기의 기본적인 욕구에 귀를 기울이면 얻을 수 있는 자기 안의 행복이기에 그나마 안전하다. 어차피 살면서 행복을 포기할 수 없는 인간이라면, 현실에 맞서기보다는 순응하고 소확행에 집중하는 것이 당연해 보인다. 다만, 가진 부에 의해 신분과 미래가 정해지는 보이지 않는 계급 사회가 고착화되면서 결국 사람들

---

* 매슬로는 인간의 동기가 작용하는 양상을 설명하기 위해 욕구를 생리적 욕구, 안전 욕구, 애정과 소속의 욕구, 존중 욕구, 그리고 자아실현 욕구의 5단계로 구분했다.

이 누릴 수 있는 행복의 차원과 크기가 축소된 건 아닌지 씁쓸할 따름이다.

맛집에 가서 맛있는 음식을 먹고, 친구들을 집으로 불러 파티를 하고, 핫하다는 한정판 아이템을 사기 위해 새벽부터 줄을 선다. 그리고 그 순간을 사진이나 동영상으로 찍어 SNS에 공유한다. 흔히 '욜로YOLO'*라고 불리는 요즘 젊은 사람들의 행동 양식이다. 사실 이 것이 소확행이냐 욜로냐 구별하는 것은 의미가 없다. 중요한 것은 이것이 순간의 행복에 집중하는 행동 양식이라는 점이다.

여기서 한번 생각해봐야 할 것이 있다. 지금 이 순간 누리는 행복의 소중함을 안다면 그것을 앞으로도 계속 누릴 수 있게 할 방법을 고민해봐야 한다는 것이다. 오늘만 누리고 말 행복이 아니니까. 내가 지금 느끼는 행복을 미래에도 그대로 누리기 위해서, 아니 더 다양하게 더 많이 누리기 위해서 무엇이 필요한지 생각해야 한다.

답은 이미 나와 있다. 바로 돈과 시간이다. 지금 내가 돈과 시간을 갖고 있기에 그것을 누릴 수 있듯이, 지금의 행복을 앞으로도 계속 지키기 위해서는 돈과 시간이 필요하다. 그리고 이 두 가지를 모두 추구하는 행동 양식이 바로 '파이어'다.

파이어족이 되고 나면 욜로하기가 훨씬 자유로워진다. 더는 생활비를 벌기 위해 시간을 투입해 노동을 할 필요가 없다. 최소 생활비는 모은 자산의 현금흐름으로 충당하면서, 자신이 그토록 원하고

---

* '인생은 한 번뿐이다'를 뜻하는 'You Only Live Once'의 앞글자를 딴 용어로, 현재의 행복을 가장 중시하여 소비하는 태도를 말한다.

좋아하는 그 무엇을 찾아서 몰입하는 데 시간과 에너지를 쏟을 수 있다. 그뿐인가. 자신이 좋아하는 것을 하면서 그것과 세상 사이의 연결고리를 찾으면 그게 돈이 되는 세상이 됐다. 그 연결고리는 바로 공감이다. 자기만의 스토리와 콘텐츠로 사람들의 공감을 끌어낸다면 원하는 일을 하면서 돈을 벌 수 있다. 수십만의 구독자를 보유한 유튜버들이 이를 증명한다. 그렇게 원하는 일을 해서 생긴 돈을 자기만의 행복을 위해 쓴다면 그 만족감은 더욱 커지지 않을까?

사실 우리가 맛있는 것을 먹기 위해 태어난 건 아니다. 순간의 행복들로 인생이라는 거대한 앨범을 채우기엔 쓸 만한 멋진 사진이 너무나 부족하다. 이왕 욜로 라이프를 선택했다면 먼저 파이어하길 바란다. 하나뿐인 소중한 내 인생을 빛나게 해줄 꿈을 찾고, 그것을 위해 더는 돈에 구애받지 않고 내 삶의 시간과 에너지를 온전히 쏟아붓기를 권한다. 나 역시 이것을 위해서 지금까지 노력했고 마침내 여기까지 왔다. 만약 현실의 벽에 좌절해서 어쩔 수 없이 욜로를 선택한 사람이 있다면 지금이라도 나와 함께 이 길을 걸어가길 권한다. 그것이 바로 진정한 욜로일 테니 말이다.

# 감사의 글

---

이 책이 세상의 빛을 볼 수 있게 도와주신 분들입니다.

**[국내 부동산]**
- 경제적 자유의 목적과 달성 이후 삶의 방향성 정립에 도움을 주신 청울림 (유대열) 님
- 양질의 정보와 식견을 통해 실전 투자에 도움을 주신 서울대학교 'SNURIS' 회원들

**[미국 주식]**
- 투자 입문의 계기이자 가이드라인을 제시해 주신 조던(김장섭) 님
- 투자를 시작하고 배워가는 과정에서 참고가 되었던 수미숨 님, 베가스풍류객 님

**[해외 부동산]**
- 투자이민 수속을 도와주신 토마스앤앰코 관계자분들
- 현지 답사부터 부동산 구매까지 자기 일처럼 도와준 친구들, 루이(Rui)와

누노(Nuno)

• 우리 가족의 든든한 변호사, 바버라(Barbara)와 안토니오(Antonio)

출간의 꿈을 실현할 수 있도록 열성을 다해 도와주신 앤디 림 작가님, 외로운 투자 여정을 함께 나누며 큰 힘이 되어준 '투자 블로거' 멤버들, 인생의 중요한 터닝 포인트마다 아낌없는 조언을 주신 찰리 전 차장님, 부족한 원고를 좋은 책으로 거듭나게 도와주신 시크릿하우스 전준석 대표님과 황혜정 편집부장님 외 관계자분들, 지난한 원고 집필 과정을 물심양면으로 응원해 주신 처가댁 식구들 그리고 부모님.

그리고 지금의 내가 있게 만들어 준 사랑하는 아내와 아들에게 깊은 감사의 마음을 전합니다.

**미국 주식, 해외 부동산 투자로 3년 만에 파이어족이 되다**

# 부의 속도

초판 1쇄 발행 | 2020년 12월 10일
초판 2쇄 발행 | 2020년 12월 17일

지은이      | 돈파파
펴낸이      | 전준석
펴낸곳      | 시크릿하우스
주소        | 서울특별시 마포구 독막로3길 51, 402호
대표전화    | 02-6339-0117
팩스        | 02-304-9122
이메일      | secret@jstone.biz
블로그      | blog.naver.com/jstone2018
페이스북    | @secrethouse2018
인스타그램  | @secrethouse_book
출판등록    | 2018년 10월 1일 제2019-000001호

ⓒ돈파파, 2020

ISBN 979-11-90259-42-2   03320